# Chevaucher son tigre

DU MÊME AUTEUR
EN FRANÇAIS

Manger beaucoup, à la folie, pas du tout
*(avec Tiziana Verbitz et Roberta Milanese)*
*Le Seuil, coll. « Couleur psy », 2004*

Stratégie de la thérapie brève
*(sous la direction de Paul Watzlawick*
*et Giorgio Nardone)*
*Le Seuil, coll. « La Couleur des idées », 2000*

Psychosolutions
Comment résoudre rapidement
les problèmes humains
*L'Esprit du temps, 1999*

Peur, panique, phobies
Un modèle de stratégie brève
pour une solution rapide des problèmes
*L'Esprit du temps, 1996, 2003*

L'Art du changement
Thérapie stratégique et hypnothérapie sans transe
*(avec Paul Watzlawick)*
*L'Esprit du temps, 1993*

Giorgio Nardone

# Chevaucher son tigre

L'ART DU STRATAGÈME,
OU COMMENT RÉSOUDRE
DES PROBLÈMES COMPLIQUÉS
AVEC DES SOLUTIONS SIMPLES

TRADUIT DE L'ITALIEN
PAR NATHALIE KORALNIK

COULEURPSY
SEUIL

Collection dirigée par Mony Elkaïm

Titre original : *Cavalcare la propria tigre*
Éditeur original : Ponte alle Grazie

ISBN original : 88-7928-639-0

ISBN : 978-2-02-092610-2



www.seuil.com

# Introduction

« Chevaucher le tigre » est une image : réussir à faire une chose apparemment impossible. Comment peut-on, en effet, convaincre un tigre de se faire chevaucher ? L'entreprise semble ardue, sinon tout bonnement impossible.

Cependant, si l'on sort de la prison de la logique ordinaire, si l'on se libère des limitations de la rationalité et du soi-disant « bon sens », chevaucher le tigre devient non seulement possible mais également réalisable. Ce livre se propose justement d'expliquer l'art de résoudre des problèmes compliqués au moyen de solutions apparemment simples. Cet art ne prévoit pas le recours à des vérités « rassurantes » ou à des connaissances définitives quant à la réalité qui nous entoure et au rapport que nous entretenons avec elle ; il envisage plutôt l'usage de stratagèmes qui défient le bon sens et la logique rationnelle.

Que le lecteur me permette ici un exemple éclairant : dans les années 1930, une petite ville des rives du Danube fut le théâtre d'un événement que les journaux de l'époque ne manquèrent pas de relater. Un jeune aspirant au suicide s'étant jeté dans le fleuve du haut d'un pont, les cris des témoins firent accourir un gendarme, lequel, au lieu de se précipiter à l'eau, saisit son fusil, mit en joue le jeune homme et hurla : « Sors immédiatement ou je tire ! » L'homme obéit et sortit de l'eau.

Je ne pense pas que ce gendarme avait étudié l'art des stratagèmes ni les paradoxes de la persuasion, et pourtant il mit spontanément à exécution une action paradoxale qui fonctionna à la perfection, sur le mode du stratagème qui consiste à « éteindre le feu en ajoutant du bois ».

Du reste, l'histoire de l'humanité est riche en stratagèmes capables de renverser rapidement l'issue d'une situation : il suffit de penser à Ulysse et à son cheval de Troie, qui représente l'essence héroïque de l'intelligence stratégique.

Je souhaite être à même de guider le lecteur dans cette réalité en apparence magique où, au contraire, le « secret est qu'il n'y a pas de secrets » mais seulement de subtiles habiletés. Comme l'affirme Aldous Huxley, « la réalité n'est pas ce qui nous arrive, mais ce que nous faisons avec ce qui nous arrive. »

# I

# LA TRADITION

L'art du stratagème appartient au monde du vivant : il suffit d'observer les animaux et les plantes pour percevoir d'innombrables stratégies de survie et stratagèmes de défense et d'attaque. L'homme, grâce à son intelligence, n'a fait qu'améliorer ce que la nature dispose continuellement sous ses yeux. Parler de stratagèmes permettant d'obtenir un effet maximum avec le minimum d'effort n'a rien d'un exercice intellectuel ; l'intelligence et la créativité appliquées à la gestion stratégique de la vie font partie de cette sagesse qui, depuis toujours, guide les êtres humains et leur permet d'atteindre leurs buts, dépasser leurs propres limites et améliorer leurs capacités. Pour raconter cette sagesse, j'ai choisi d'exposer brièvement les trois principales traditions qui exaltent la valeur et l'utilisation des stratagèmes en tant qu'instruments essentiels pour parvenir à ses fins : *l'art de la Métis*, ou la tradition grecque du culte de l'astuce, de l'audace et de l'habileté ; *l'art de la guerre*, ou la tradition chinoise des méthodes pour vaincre avec le minimum d'effort ; *l'art de la persuasion*, ou l'étude des techniques rhétoriques pour amener les autres à changer.

Toutes trois ont en commun l'absence de base théorique rigide : leur essence réside exclusivement dans l'efficacité de leur mise en œuvre.

J'invite donc le lecteur à me suivre dans ce parcours, à la découverte de l'art antique du stratagème puisque, dans ce cas, « regarder en arrière nous permet de voir devant nous ».

# L'art de la Métis : astuce, audace et habileté

Métis était la divinité grecque personnifiant l'astuce, la sagacité et l'aptitude à inventer des stratagèmes pour obtenir le résultat maximum grâce à un minimum d'effort. Elle était l'inspiratrice de l'art de la navigation, de la chasse et de la pêche, de la construction des armes et des stratégies de guerre comme de la négociation politique et de la séduction. La mythologie raconte que Zeus lui-même était si envieux des extraordinaires habiletés de Métis qu'il finit par la manger, dans le but de faire siennes toutes ses capacités.

En réalité, dans la Grèce antique, l'art de la Métis partait d'un ensemble de stratagèmes tirés de l'observation des stratégies appliquées par certains animaux pour capturer leurs proies ou se défendre des prédateurs ; cet art se développa ensuite en tant qu'habileté spécifiquement humaine permettant d'atteindre les buts désirés.

On avait recours à des astuces et à des artifices afin de surmonter les obstacles chaque fois qu'il fallait affronter une situation en apparence insurmontable, comme de naviguer en des eaux et des courants dangereux ou de livrer bataille contre une armée bien plus nombreuse. Alexandre le Grand, par exemple, conduisit à la victoire des troupes cinq fois inférieures en nombre à celles des Perses, grâce à son astuce de stratège et à son audace de chef.

Pour « contraindre » ses soldats à des actes héroïques, il fit brûler ses propres navires, de sorte que ses troupes, si elles voulaient rentrer chez elles, devaient conquérir les bateaux ennemis. En mettant ses propres hommes dans une situation sans retour, il réussit à remporter d'éclatantes victoires.

Comme nous le verrons plus loin, Alexandre n'était pas seulement un commandant de génie : dans sa vie privée, il sut également employer des stratagèmes efficaces et créatifs pour surmonter les difficultés. Il ne faut pas non plus oublier son amour pour le savoir et la connaissance, qui l'amena à fonder la plus grande bibliothèque de l'Antiquité dans la ville qui porte encore son nom – Alexandrie d'Égypte.

Certes moins héroïque, le stratagème pour la capture

des poulpes est cependant efficace et insurpassé. S'inspirant de l'art de la Métis, les pêcheurs immergeaient dans les eaux de la Méditerranée de petits vases de terre cuite à l'encolure étroite, attachés les uns aux autres par une longue corde. Les poulpes les prenaient pour un refuge et s'y faufilaient. Après avoir immergé les vases pendant quelques heures, il ne restait plus aux pêcheurs qu'à les hisser à la surface pour récolter leur précieux butin. De nos jours encore, ce type de pêche est pratiqué avec grand succès.

Décisive, la sagesse de Métis peut paraître impressionnante – voire choquante –, comme dans cette histoire que nous rapporte Plutarque.

Il raconte que l'antique ville de Milet s'était trouvée confrontée à un phénomène aussi étrange qu'effrayant : de belles et très jeunes filles se suicidaient, comme poussées par une force obscure. Qui se jetait du haut d'un rocher, qui se pendait ou se transperçait le cœur d'un coup de poignard ; il semblait qu'un air empoisonné poussât les jeunes femmes de la cité à accomplir ces actes dirigés contre elles-mêmes. Les efforts de leurs familles et les discours du Conseil des sages ne servaient à rien : la chaîne des suicides se poursuivait inexorablement. Le gouverneur de la ville requit alors le conseil d'un vieux sage qui vivait retiré dans les collines, et reçut de lui une indication surprenante : « Rendez public un édit dans lequel vous communiquerez qu'à partir de maintenant le corps de toute femme suicidée sera exposé nu sur la place du marché, jusqu'à putréfaction. » Les suicides cessèrent immédiatement. Le stratagème avait porté ses fruits.

En déplaçant l'attention des aspirantes au suicide du désir de mourir à l'imagination de leur corps dénudé exposé publiquement jusqu'à sa putréfaction, il avait produit l'effet, « magique », d'inhiber leur impulsion malsaine.

L'art de la Métis était une forme de connaissance opérative libre de tout préjugé fidéiste ou idéologique – une sagesse pratique, synthèse d'inspiration créative et d'habileté concrète. Ce n'est pas un hasard si les personnages qui représentent le mieux cette tradition sont Ulysse et Alexandre le Grand, tous deux chefs héroïques et, en même temps, chercheurs et érudits. Le premier se perdit justement à cause de sa soif de savoir ; on raconte qu'Ulysse, poussé par son désir de connaissance, ne retourna plus chez lui après avoir franchi les Colonnes d'Hercule – après avoir dépassé les limites rassurantes de la mer Méditerranée pour connaître l'étendue sans fin de l'océan. Le second incarne l'esprit du chef indomptable, capable d'inventer d'imprévisibles stratégies, du conquérant qui étudiait à fond le savoir des peuples annexés à son règne, assimilant le meilleur. Dans sa bibliothèque, des dizaines de milliers de parchemins, préparés et disposés pour être conservés et consultés par les savants d'Alexandre, rassemblaient et préservaient les connaissances des peuples et des traditions les plus variés. C'était un véritable trésor de sagesse syncrétique, de connaissance non limitée par une orthodoxie rigide, motivée par le désir d'exposer le meilleur des diverses formes de l'expérience humaine.

Malheureusement, l'art de la Métis, qui continua à prospérer en tant que philosophie pragmatique jusqu'à la naissance de l'empire romain, fut supplanté par la « vérité absolue » de la philosophie platonicienne, dans laquelle la foi religieuse et la science se superposent l'une à l'autre, sacrifiant la sagesse au dogme, et la grande bibliothèque d'Alexandrie d'Égypte, qui symbolisait cette tradition de connaissance, fut livrée aux flammes par les chrétiens qui la considéraient comme sacrilège. D'ailleurs, l'intelligence stratégique et la sagesse ne peuvent être esclaves d'aucun pouvoir absolu, car un tel lien leur retirerait leur essence vitale, la liberté totale de pensée, d'imagination et de choix.

Ce n'est pas un hasard si le terme « hérésie » – par lequel les religions monothéistes et les pouvoirs qui s'en inspirent marquaient et condamnaient ceux qui ne respectaient pas la « vérité absolue » – signifie, par son étymologie, « possibilité de choix ». Le sage héros de la tradition hellénique est hérétique par excellence, insoumis, assoiffé de connaissance et capable de faits extraordinaires. Son génie, qui lui fait trouver des issues même au cœur des situations les plus compliquées, réside justement dans sa capacité de penser et d'agir au-delà des limites ordinaires. Quelques millénaires plus tard, William James, l'un des fondateurs de la psychologie moderne, affirmait : « Le génie n'est rien d'autre que la capacité d'observer la réalité à partir de perspectives non ordinaires. »

À la question d'un journaliste qui voulait connaître la différence entre le génie et l'intelligence normale, Albert Einstein avait répondu : « Lorsqu'une personne intelligente réussit à trouver une aiguille dans une botte de foin, elle s'arrête, satisfaite, alors que le génie, lui, continue à chercher pour en trouver une seconde, une troisième et, éventuellement, une quatrième. »

# L'art de la guerre : vaincre avec le minimum d'effort

On raconte qu'au Moyen Âge un stratège militaire chinois fut l'hôte d'un prince européen. Durant son séjour, il eut l'occasion de participer, en qualité d'invité d'honneur, à l'un des nombreux tournois de chevaliers. Ces disputes n'étaient pas de simples passe-temps ; c'était souvent grâce à elles que l'on évitait des conflits et que l'on décidait du sort matrimonial des jeunes princesses et des nobles dames devenues veuves. Leur importance dépassait largement la pure expression chevaleresque.

Le sage stratège chinois demanda à son ami prince comment fonctionnait un « combat loyal ». Celui-ci lui expliqua cette simple règle : chacun des princes présentait ses trois meilleurs champions, qui s'affrontaient en combat singulier : la victoire appartenait à l'équipe qui remportait le plus grand nombre de rencontres.

Le maître chinois médita quelques instants puis, s'adressant au prince : « Cher ami, dit-il, permets-moi de te donner un conseil : fais combattre ton troisième champion avec leur premier champion, ton premier avec leur second, et ton second avec leur troisième. Tu perdras la première rencontre, mais tu gagneras les deux autres. » Et c'est ce qu'il advint.

Cet exemple représente parfaitement la philosophie chinoise du stratagème, résolument moins héroïque que celle des Grecs, mais dans certains cas plus efficace encore parce que moins voyante. Comme François Jullien, brillant sinologue, l'illustre dans ses travaux, la différence essentielle entre l'art du stratagème de la tradition grecque et celui de la tradition chinoise réside justement dans le fait que, pour la culture chinoise, le stratagème doit être le moins évident possible, et ses effets paraître naturels. L'image du sage chinois est très éloignée de celle du héros grec : il demeure caché, ne se met pas en avant, ses stratégies sont toujours voilées, comme « les mouvements du dragon qui se confondent avec les nuages ». Telle est sa métaphore.

L'antique tradition chinoise représente la quintessence de l'art du stratagème pour résoudre les problèmes de toute sorte, sans se limiter aux seules questions militaires. Son traité le plus célèbre, *L'Art de la guerre* du maître Sun-Tzu (Sun Zi), est depuis des siècles un guide de gestion du pouvoir et des relations, et un manuel de méthodologie en résolution de problèmes. Au cours des dernières décennies, il est devenu populaire en Occident parmi les managers, les chefs d'entreprise et les politiciens. De mon point de vue, cependant, c'est un texte moins connu, *Les Trente-six Stratagèmes*, qui exprime le mieux la pensée stratégique chinoise. Ce fascinant manuel, rédigé à ce qu'il semble par des moines guerriers, résume en trente-six formules – exprimées à travers des aphorismes et des métaphores – les types de stratagèmes fondamentaux. Il constitue l'application pratique des catégories fondamentales de la philosophie chinoise : les éléments « durs » et « mous », l'action « directe » et « indirecte », l'« attaque » et la « défense », le « plein » et le « vide », ainsi que leurs transformations réciproques. Le langage, imagé, est allusif et évocateur, il sollicite la pensée sans la forcer mais en la stimulant. Les énoncés s'infiltrent dans l'esprit du lecteur comme de l'eau de source, ils le pénètrent et le fertilisent. Chacun des trente-six stratagèmes trouve de nombreuses applications, puisqu'il s'agit d'une formule adaptable à des circonstances et situations diverses. En d'autres termes, le livre expose les critères de base qui permettent de créer des solutions, et non des recettes préconçues et rigides. Le texte est certes plus difficile que celui de Sun-Tzu ou que les *Méthodes militaires* de Sun Bin, autre stratège célèbre de la tradition chinoise, car son langage est métaphorique et souvent crypté. Mais cela en fait justement une sorte de prisme, qui produit des couleurs différentes en fonction de la façon dont on le regarde. Ce type de connaissance pratique, basée sur l'efficacité et non sur une observation biaisée par des a priori, anticipe de plusieurs millénaires la logique moderne et la méthodologie de la recherche scientifique. Pour la sagesse chinoise antique, le concept de « vérité » n'existe pas ; au contraire, toute « idée préconçue » est à éviter, parce que limitante. Comme le dit Lao-Tseu (Lao Zi) : « L'unique constante est le perpétuel changement. » Les observations changent en fonction des perspectives que l'on adopte, et nos stratégies doivent toujours s'adapter aux circonstances et aux occasions – « comme l'eau qui vient à bout de tout parce qu'elle s'adapte à tout ». La « vérité » coïncide avec l'« efficacité », mais celle-ci ne peut être fixée en tant que concept abstrait puisqu'elle est, à son tour, le fruit constant de l'application. Confucius spécifie qu'il faut « étudier et s'appliquer sans cesse ».

« La force, en elle-même, n'égale pas le savoir ; ce dernier n'est pas non plus égalé par l'exercice. Mais c'est en additionnant savoir et exercice que l'on obtient la vraie force. »

L'application de ce principe est magistralement illustrée par le mythe de Yu le Grand qui, confronté très jeune au problème cyclique et jusqu'alors irrésolu des crues et des inondations qui menaçaient périodiquement son royaume, trouva une solution brillante. Contrairement à son père et à ses prédécesseurs, il n'ordonna pas à ses sujets de construire des digues et des levées toujours plus imposantes afin de contenir les eaux du fleuve Jaune, dont la furie finissait invariablement par emporter toute construction. Il leur fit au contraire creuser de profondes tranchées, des fossés et des canaux autour de la ville. Les sujets obéirent et lorsque la crue arriva, ils virent l'eau entrer dans les trous et les fossés puis s'écouler le long des canaux sans rien détruire. Mais ils s'étonnèrent encore plus que le jeune Yu leur demande de construire, le long des canaux, « d'étranges mécanismes » avec de grandes pales à l'intérieur d'un cercle que la force de l'eau faisait tourner – des moulins à eau. Grâce à cette énergie ainsi « capturée », il fut possible de broyer sans peine le riz et d'autres matières premières.

Yu, auquel cette entreprise valut qu'on l'appelle le Grand, incarnait l'art de vaincre l'ennemi sans s'y opposer, mais en capturant plutôt sa force pour l'utiliser contre lui. Il sauva non seulement son royaume des inondations, mais il dompta la force de l'eau du fleuve Jaune et l'utilisa à des fins bénéfiques.

« Transformer le visiteur indésirable en hôte » et « créer le vide pour y faire entrer le plein ». Ces deux stratagèmes peuvent être appliqués à toute situation de lutte : on n'oppose pas la force à la force, mais on dévie la force de l'adversaire pour ensuite le frapper lorsqu'il est déséquilibré et sans défense. Le même principe peut être utilisé pour résoudre des problèmes d'une autre nature, comme le fit Yu le Grand en transformant une force naturelle destructrice en une force constructive.

La magie apparente des anciens stratagèmes chinois réside dans leur applicabilité à des réalités complètement différentes, et dans leur capacité à ne se focaliser que sur ce qui est nécessaire afin de produire le changement désiré. Rien de plus. Rien de superflu. Aucun gaspillage d'énergie. Pure efficacité et efficience.

Malheureusement, cette technique raffinée de l'art du combat est souvent mal comprise, à cause d'un préjugé intellectuel selon lequel ce savoir n'a d'intérêt que pour les fanatiques de la violence. Ce snobisme ne tient absolument pas compte du fait qu'à propos de l'art de la guerre le maître Sun-Tzu affirme que « le meilleur combattant est celui qui est capable de vaincre sans combattre ».

Autrement dit, savoir combattre rend à tel point sûr de soi et capable de gérer le rapport avec l'adversaire que l'on réussit la plupart du temps à atteindre son but sans en arriver à l'affrontement physique ou armé. Pour le sage, combattre n'est jamais une bonne chose, on ne le fait que lorsqu'il ne reste aucune autre solution. Sun Bin, autre personnage important de la sagesse chinoise, affirme : « Celui qui aime la guerre sera inévitablement détruit, et celui que la victoire attire sera humilié. La guerre ne doit pas être un plaisir, et la victoire ne génère aucun bienfait. »

Les penseurs occidentaux ont du mal à saisir la richesse de l'antique sagesse orientale, car celle-ci est dépourvue de support théorique : elle est pure logique de l'intervention.

L'art du stratagème fut pendant des siècles le pivot de la culture chinoise. L'avènement de l'idéologie maoïste signa sa mise au ban. Mao lui-même déclara que divulguer ce type de connaissance était « nocif pour la société », et il censura tous les livres qui en faisaient état. Le destin de la Bibliothèque impériale fut, pareillement, de finir dans un brasier. Et tout cela fut remplacé par le bien connu « Petit Livre rouge ».

La connaissance et l'habileté stratégiques sont redoutées des pouvoirs autoritaires et répressifs, qui voudraient maintenir un monopole absolu. Fort heureusement, le savoir stratégique porte en lui-même la capacité d'échapper à tout contrôle : par nature, il ne se laisse pas emprisonner par les idéologies, ni par les religions ou les pouvoirs politiques. Son essence l'immunise contre de telles contagions. La fidélité à la connaissance stratégique rend infidèle à toute orthodoxie.

# L'art de la persuasion : induire le changement

L'un des paradoxes les plus célèbres de la philosophie occidentale est celui qui a suscité un tournant fondamental dans l'histoire de la pensée. Socrate, l'inventeur de la méthode dialogique, dut recourir à un artifice rhétorique pour être pris en considération par ses concitoyens d'Athènes. Ses intuitions, déclara-t-il, lui venaient d'un *daïmon* qui lui apparaissait en songe, pendant la nuit. Il utilisa ainsi la croyance populaire dans les oracles pour introduire des idées qui, venant d'un simple être humain, auraient été rejetées *a priori*. Ainsi, c'est à partir de l'irrationnel que commence la raison.

Quelques décennies plus tard, Aristote, après avoir consacré de nombreuses pages à critiquer la rhétorique des sophistes, affirma de manière toute sophistique que, si l'on veut persuader son interlocuteur, il faut emprunter ses arguments.

Voilà qui ne doit pas nous étonner. Depuis toujours, l'art de la persuasion a été mis en accusation mais en même temps utilisé par ses propres détracteurs. Du reste, savoir persuader signifie, concrètement, amener l'autre à changer d'opinion et de comportement : c'est un pouvoir qui a toujours été convoité, non seulement par les politiciens et les chefs militaires, mais par quiconque veut acquérir la capacité de convaincre autrui dans les négociations, les affaires et les questions sentimentales.

Comme l'affirme le sophiste Gorgias : « La parole est une grande dominatrice, qui avec un corps minuscule et parfaitement invisible, sait accomplir des choses divines ; elle parvient en effet à calmer la peur et à éliminer la douleur, à susciter la joie et à accroître la pitié. » Et : « Le charme inspiré des paroles apporte la joie et libère de la peine. La puissance de l'enchantement, s'ajoutant à la disposition de l'âme, l'apaise, la persuade et exalte son charme. »

L'art de la persuasion concerne aussi le rapport que chacun de nous entretient avec lui-même, c'est-à-dire les façons dont nous nous convainquons de croire à quelque chose ou dont nous nous amenons à percevoir les choses selon des perspectives différentes de celles que nous avions précédemment adoptées. Il existe donc une persuasion qui s'adresse à l'autre – la « manipulation » –, et une qui s'adresse à soi-même – l'« auto-tromperie ».

Ces dynamiques, véhiculées par le langage que nous utilisons, sont des phénomènes inévitables, puisque effets de la communication. S'il est vrai que « l'on ne peut pas ne pas communiquer » (Watzlawick, 1971), il est aussi vrai que l'on ne peut pas ne pas être influencé par la communication. Cela signifie que, lorsque nous interagissons avec quelqu'un, nous l'influençons constamment, tout comme il nous influence – que nous en soyons conscients ou non. Et cela vaut également dans la relation à nous-mêmes, dans les moments de réflexion ou d'intense émotion. Ce qui fait la différence, ce sont le degré d'influence et le fait que l'on subisse le processus ou qu'on en soit l'acteur, que l'action soit délibérée ou inconsciente.

En d'autres termes, puisque les processus de persuasion sont inévitables dans les interactions humaines, il devient décisif de pouvoir les utiliser efficacement. Il n'existe pas d'activité dont les dynamiques de la communication soient absentes, et le langage, dans ses différents aspects, est présent dans chaque domaine de notre existence. Tout cela explique pourquoi, depuis l'Antiquité, les maîtres de la persuasion ont été aussi importants et recherchés. Comme le déclare Gorgias dans une de ses maximes bien connues : « Un discours ayant persuadé un esprit contraint cet esprit qu'il a persuadé à croire en ce qui est dit et à accepter ce qui est fait. » Gorgias vécut plus de cent ans, et jusqu'à sa mort il continua à étudier, enseigner et faire démonstration de son art de la rhétorique. On finit par lui ériger une statue en or, près de l'oracle de Delphes, preuve de la renommée qu'il avait acquise et de l'importance accordée à ses enseignements.

Cependant, comme l'art de la Métis et l'art de la guerre, l'art de la persuasion connut le destin de la condamnation et de la censure. Pendant de nombreux siècles, en effet, cet art fut considéré comme l'apanage des filous et des escrocs. La philosophie occidentale de même que la morale au caractère fortement idéaliste ont imposé l'éthique de la Vérité – c'est-à-dire l'obligation de fidélité au principe de toujours dire « le vrai » et aux préceptes de la loyauté envers sa propre foi. Une telle position théorique condamne moralement l'usage de la rhétorique de la persuasion, comme si cette dernière était quelque chose de forcément malin : la main du Diable, par opposition à celle de Dieu. Curieusement, comme Aristote, nombreux furent les inquisiteurs ou les détracteurs de l'art de la persuasion à utiliser ses armes raffinées dans le but de convaincre les gens à le condamner.

Le cas le plus emblématique est celui de Pascal, qui, pour ramener les chrétiens à Dieu après la période controversée de la « vente des indulgences », employa dans ses *Pensées* des artifices rhétoriques dignes d'un funambule. Ainsi le fameux « pari », où il affirme qu'entre croire et ne pas croire en l'existence de Dieu et de l'au-delà, il est de loin plus avantageux d'y croire, puisque si l'au-delà n'existe pas, on aura perdu, mais si l'on n'y a pas cru et qu'il existe, on l'aura perdu inutilement.

Avec ce subtil artifice rhétorique, Pascal pousse à faire le choix rationnel de « croire » en quelque chose d'irrationnel. Bien avant lui, du reste, tous les prophètes des grandes religions sont allés pêcher à pleines mains dans le vivier de l'art de la rhétorique : les paraboles du Christ en sont des chefs-d'œuvre, de même que les anecdotes de Mahomet, sans parler des énigmes et des métaphores du Bouddha. Pour communiquer avec les gens, tous ont utilisé des formes connues de l'art de la persuasion. Pour qu'on la croie, chaque « vérité » doit être transmise de manière persuasive.

L'art de la persuasion est depuis toujours perçu comme dangereux, parce qu'il est un instrument de pouvoir aussi subtil que formidable, instrument qu'il vaut mieux ne pas partager avec les masses mais plutôt conserver au sein de la sphère des élites qui gouvernent la société. Il suffit de penser que tous les grands dictateurs ont fort bien su persuader les foules et qu'ils ont souvent été considérés comme de vrais experts en psychologie des foules et en communication de masse. Mussolini, par exemple, pour diffuser sa propagande fasciste, employa comme consultant le plus grand expert de l'époque, Michele Orano. Ce psychologue social, élève de Tarde et de Le Bon – grands spécialistes de la psychologie des foules –, accompagna le Duce dans la construction de sa stratégie de communication. Et que cela plaise ou non, durant les vingt ans que dura le fascisme, quatre-vingt-dix pour cent des Italiens, comme le rapporte William Doise dans une de ses prestigieuses études, étaient d'accord avec les principes fascistes.

L'adepte de l'art de la persuasion est un inventeur de vérité, il œuvre stratégiquement en usant du langage pour construire des « réalités inventées qui produisent des effets concrets ». Encore une fois, comme dans les deux cas exposés aux chapitres précédents, nous avons là un art et une école de pensée qui ne se laissent emprisonner par aucune idéologie, puisque l'essence de la persuasion est la propriété du langage, qui, s'il est utilisé de certaines façons, peut changer la perception de la réalité. Autrement dit, une réalité change en fonction de la façon dont elle est communiquée. L'adepte de l'art de changer les choses à travers les manières de les communiquer ne peut donc être fidèle à aucune croyance dogmatique. Pour lui, les idées, les convictions, les fois et les croyances qui guident les actes des êtres humains ne sont que des points de vue rigides, produits d'une forme de langage tout aussi rigide.

Gorgias démontrait cette affirmation en commençant par persuader son public d'une thèse, puis de son contraire, au moyen d'un usage raffiné des mots, des métaphores, des antinomies et des argumentations dont il était véritablement maître. On disait qu'il était capable de répondre à n'importe quelle question, non seulement du fait de son habileté rhétorique, mais aussi de son immense culture. Quant à Protagoras, il s'était spécialisé dans la technique consistant à amener ses interlocuteurs à se contredire, en leur posant des questions et en commentant leurs réponses. Tout se passait sans qu'ils aient conscience d'avoir été persuadés, tant il est vrai qu'ils arrivaient spontanément à changer de position lorsqu'ils découvraient qu'ils s'étaient contredits. Gorgias était un maître de la persuasion par la « manipulation », et Protagoras, par l'induction d'un phénomène d'« auto-tromperie ». Dans le premier cas, les gens subissaient l'influence directe de l'orateur ; dans le second, ils avaient l'impression de changer eux-mêmes d'opinion. Le troisième sophiste le plus connu, Antiphon, était une sorte de précurseur des psychothérapeutes stratégiques d'aujourd'hui : il rencontra un immense succès en guérissant les maux physiques au moyen de la parole. Fatigué de cette activité stressante, il s'adonna ensuite aux harangues au tribunal, devenant ainsi une sorte de Perry Mason de l'Antiquité. Mais ce fut justement sa capacité d'influencer les juges qui provoqua sa persécution et sa condamnation à mort.

À l'apogée de son succès, Protagoras, lui aussi, fut persécuté et contraint à la fuite, et ses écrits furent détruits. Si la rhétorique de la persuasion fut proscrite par le pouvoir officiel, elle n'en continua pas moins à évoluer, et ses traces et ses effets se retrouvent dans toute l'histoire postérieure à cette époque. Sa réhabilitation en tant que discipline digne d'une reconnaissance scientifique n'aura lieu qu'au XIXe siècle, période historique qui vit la publication d'une foule de petits manuels de rhétorique de style très populaire, parmi lesquels *L'Art d'avoir toujours raison*, d'Arthur Schopenhauer. Nombreux sont ceux qui, aujourd'hui encore, considèrent la rhétorique de la persuasion avec crainte et méfiance. S'il n'est certes pas rassurant de reconnaître à une telle discipline le pouvoir de manipuler les opinions et les actions des humains, nier l'évidence revient à faire comme l'autruche qui, de peur de voir ses prédateurs, enfouit sa tête dans le sable et finit ainsi par en être victime. La connaissance de l'art de la persuasion réduit les possibilités d'en faire soi-même les frais. Un instrument n'est pas bon ou mauvais en soi ; c'est l'usage qu'on en fait qui le rend tel. Au contraire, en étant capables d'utiliser des artifices rhétoriques et des stratagèmes linguistiques, nous maintenons notre esprit entraîné à éviter les prisons idéologiques et le piège des auto-tromperies consolatrices.

Comme pour l'art du combat, nombre de tactiques fondamentales et de stratagèmes ont été codifiés pour l'art de la communication (Cialdini, 1984, Watzlawick, 1980), qui peuvent être adaptés à diverses circonstances. Au cours des dernières décennies, ils ont été massivement appliqués dans les domaines du management, de la politique, du marketing et de la publicité, dans les sciences médicales et sociales. Un seul volume ne suffirait pas à en rendre compte, mais, puisque les stratagèmes de la communication ont beaucoup en commun avec ceux de la Métis et de l'art de la guerre, j'ai choisi, au lieu d'en faire un exposé à part, de présenter une sorte de synthèse de ces trois arts qui ensemble constituent un savoir opératif réellement exceptionnel : une série de stratagèmes à la fois fruits de l'astuce, de l'audace et de l'habileté, de la capacité subtile d'obtenir le maximum avec le minimum, et de l'art de persuader ; une antique sagesse qui permet d'affronter au mieux les difficultés complexes de la vie moderne. C'est-à-dire de chevaucher son propre tigre.

# II

# LES STRATAGÈMES ESSENTIELS

La présentation qui suit est une synthèse tout à fait personnelle de la myriade de stratagèmes et artifices rhétoriques, produits de la tradition ou de leur application moderne aux différents contextes humains. Je me suis efforcé de réunir les critères de base nécessaires à la mise au point de stratagèmes spécifiques ainsi qu'à la formation de l'habileté stratégique. Les treize stratagèmes essentiels se veulent des sortes de formules applicables à un grand nombre de situations diverses, pour autant, naturellement, que l'on en comprenne le fonctionnement, puisque seule cette compréhension en permet l'adaptation à différentes circonstances. Chaque stratagème ne représente donc pas une simple recette à copier, mais un principe qu'il faut intégrer si l'on veut construire des interventions « *ad hoc* ».

L'art ne consiste jamais à répéter, mais toujours à interpréter.

# Sillonner la mer à l'insu du ciel

Le premier des *Trente-six Stratagèmes* représente aujourd'hui encore l'essence de la pensée stratégique. Faire quelque chose qui produise des effets évidents sans que notre action soit remarquée permet d'éviter les résistances au changement que nous voulons déclencher. Comme d'habiles prestidigitateurs, nous devons déplacer l'attention des autres vers des détails, des gestes peu significatifs mais à même de les distraire, tandis qu'à leur insu les actes importants sont mis à exécution.

Dans l'art du combat, c'est la capacité d'attirer l'adversaire dans un piège par des mouvements qui le contraignent à des réactions déterminées de défense ou de contre-attaque, pour ensuite le frapper là où il s'est dangereusement exposé, c'est-à-dire à utiliser une technique indirecte. L'art consiste à distraire son attention de ce qui est réellement important, ou de faire quelque chose d'inoffensif en apparence, mais qui, cependant, produit de grands effets.

Dans le domaine de la communication, cela arrive lorsqu'on amène notre interlocuteur à prêter attention à des aspects insignifiants de notre argumentation – que l'on présente comme s'ils étaient fondamentaux – ou à des indications qui le contraignent à se concentrer sur certains détails, tandis que nous le convainquons de ce qui est important en l'amenant comme quelque chose d'intérêt tout à fait secondaire. Voici une application simple de ce stratagème. Une fille veut obtenir de son parent, personnage rigide, la permission de rentrer tard. Elle abordera son parent pour lui demander conseil sur un sujet dont elle sait qu'il revêt à ses yeux une grande importance – par exemple, elle lui exposera ses doutes quant au choix de ses études et sa perplexité devant son avenir professionnel. Puis, après avoir parlé un peu de ce sujet, ayant suscité en son interlocuteur toute une série de préoccupations (une fois l'effet désiré produit), elle lui demandera de pouvoir rentrer tard ce soir-là. La probabilité d'obtenir la permission sera très élevée, puisque, pour le parent, cette chose qui, si elle avait été demandée directement, aurait été vécue comme importante, semble maintenant insignifiante, comparée au reste.

Du reste, comme l'écrivait Milton Erickson dans les années 1930 en se référant aux techniques d'induction hypnotique, « les suggestions indirectes fonctionnent mieux que les suggestions directes ».

L'exemple le plus surprenant du pouvoir de ce stratagème raffiné nous est offert par Oliver Sacks, qui raconte l'histoire de l'un de ses patients atteint de graves lésions neurologiques qui lui rendaient la marche presque impossible. Un jour, le célèbre neurologue l'aborda en jouant avec une balle de tennis et se mit à lui parler tout en continuant à marcher et à faire rebondir la balle. Le patient joignit ses pas à ceux de Sacks, avançant sans difficulté et répondant à son médecin tout en suivant des yeux les rebonds de la balle. Après quelques mètres, Sacks lui fit remarquer qu'il était en train de marcher ; le patient se bloqua sur-le-champ et recommença à manifester ses difficultés habituelles.

La « magie » soufie consistant à marcher sur des charbons ardents sans se brûler fonctionne de la même façon. L'esprit distrait est capable de faire des choses que l'esprit attentif ne peut même pas rêver d'accomplir. Et une grande partie des phénomènes d'anesthésie hypnotique sont réalisés en déplaçant l'attention du sujet et en dirigeant son esprit sur une partie du corps différente de celle qui doit être anesthésiée. L'usage de ce stratagème pour surmonter des peurs pathologiques représente peut-être son application la plus élégante et la plus efficace. En recourant à des techniques qui s'en inspirent, il est possible d'amener des personnes souffrant de tels troubles à affronter des situations qu'elles n'auraient jamais pu envisager jusqu'alors.

Autre exemple de « sillonner la mer à l'insu du ciel », bien connu des éducateurs. Un adulte veut faire faire quelque chose d'un peu désagréable mais néanmoins nécessaire à un enfant, comme par exemple d'avaler un médicament amer. Dans ce cas, il est important de commencer par faire ensemble quelque chose qui plaît beaucoup à l'enfant, comme d'imiter des cris d'animaux. Au beau milieu, on propose la prise du remède comme faisant partie du jeu : le chien qui mange par erreur quelque chose de mauvais et qui prend un air dégoûté. Dans ce cas également, la résistance sera facilement surmontée, puisque l'attention de l'enfant est dirigée vers l'imitation ludique plutôt que sur le mauvais médicament, devenu partie intégrante du jeu.

Ce stratagème est indiqué dans toutes les situations où il s'avérerait inefficace, dangereux ou trop coûteux d'affronter directement l'obstacle qui nous empêche d'atteindre notre but. L'effet magique réside justement dans l'annulation des résistances : tout se produit sans que l'autre personne s'en rende compte.

C'est seulement après que l'effet a été obtenu que l'on explicite le stratagème. Ne plus voir à force de regarder, ne plus s'étonner de tout ce qu'on a sous les yeux, ou être convaincus de trop bien voir : telle est la limite, et le défaut, dans lesquels l'homme tombe souvent et auxquels peut s'appliquer le stratagème de « sillonner la mer à l'insu du ciel ».

Appliquer ce stratagème à soi-même relève décidément plus de l'acrobatie, puisqu'il n'est pas possible de se distraire volontairement. Au contraire, plus j'essaie de ne pas penser à quelque chose, plus j'y pense : penser à ne pas penser est toujours penser. Cependant, en utilisant une variante plus tortueuse, je peux m'amener à faire une suite de choses qui me distrairont et feront se produire ce que je n'arrive pas à réaliser volontairement. Si par exemple un fumeur s'impose de réduire volontairement sa consommation quotidienne de cigarettes, il échouera lamentablement la plupart du temps. Mais si, au contraire, il cherche à comprendre quelles sont les cigarettes qu'il fume réellement avec plaisir pendant la journée et qu'il s'impose d'en profiter pleinement en renonçant aux autres, qui ne sont pas aussi délicieuses, il réussira sans trop de peine à réduire sa consommation à cinq ou six cigarettes par jour. L'attention, ici orientée vers la recherche du plaisir plutôt que vers le renoncement, permet de se tromper soi-même, produisant ainsi ce qu'un effort de la volonté aurait rendu impossible.

Dogen, l'un des premiers maîtres zen, exprimait le même concept par ces vers : « Creuse un petit bassin sans attendre la lune. Quand le bassin sera terminé, la lune viendra d'elle-même. »

# Mentir en disant la vérité

Quand notre interlocuteur s'attend à ce que nous mentions, la vérité le pénètre comme un coup de lame imprévu – tout comme dans l'histoire populaire du jeune coquin qui s'amusait à alarmer les habitants de son petit village campagnard en hurlant : « Au loup ! Au loup ! » Ces bonnes gens eurent tôt fait de ne plus le prendre au sérieux et cessèrent de réagir à ses fausses alarmes. Quand le loup se montra vraiment, personne ne prêta attention aux cris, cette fois fondés, du jeune menteur, qui fut dévoré.

Le fait de nous être habitués à l'idée que l'autre ne dit pas la vérité nous incite à ne pas le prendre au sérieux, à ne pas nous soucier de ses affirmations. Mais s'il dit la vérité alors que nous la prenons pour un mensonge, il nous prendra totalement au dépourvu.

Au début de la Seconde Guerre mondiale, les Allemands annoncèrent plusieurs fois l'attaque de la France sans passer à l'action. Puis, lorsque les Français commencèrent à prendre cette déclaration pour une fausse menace, ils attaquèrent par surprise et trouvèrent les troupes adverses complètement désorientées.

Une succession de simulations dévoilées habitue l'autre à s'attendre à d'autres feintes, à baisser sa garde et à se découvrir.

Une variante de ce stratagème peut être appliquée à la situation dans laquelle l'adversaire nous considère déjà comme un menteur. S'il s'attend de notre part à des tactiques trompeuses, il faut l'attaquer de la manière la plus simple qui soit. Dans ce cas, le stratagème est l'absence de stratagème. Entre deux maîtres de combat, la tendance est de s'attendre, de la part de l'autre, à des techniques élaborées, composées de trucs et de coups fourrés. Si l'un des deux attaque ouvertement comme s'il était un débutant, il a de bonnes chances de surprendre son adversaire qui ne se serait jamais attendu à une attaque aussi élémentaire.

La simplicité sort victorieuse face à la complexité quand cette dernière semble régner en maître. « En regardant la lune dans le ciel, on perd la perle qu'on avait dans la main », affirme maître Shosan.

Tout comme l'excès d'information annule la connaissance, l'excès d'élaboration complique les problèmes plutôt qu'il ne les résout. Se concentrer sur des procédures compliquées rend incapable d'accomplir des actions rapides, simples et directes, et de se défendre de pareilles manœuvres de l'adversaire. La priorité du maître est de trouver la solution la plus simple, puisqu'elle sera la plus rapide et la moins coûteuse. On ne passe au complexe que si le simple ne fonctionne pas, en gardant cependant toujours à l'esprit que l'adversaire pourrait, à son tour, nous surprendre par une action simple et directe.

Le comble de la complexité est la simplicité, non la complication.

Le stratagème consistant à « mentir en disant la vérité » est construit sur notre tendance à nous habituer aux choses et à pratiquer un excès de raisonnement. L'accoutumance à un stimulus réduit notre capacité de réaction et le niveau d'attention dont nous pouvons faire preuve à son égard. Privilégier l'élaboration mentale au détriment des sensations ralentit les ripostes et nous expose dangereusement aux attaques rapides et dénuées de raffinement technique, telles qu'une manœuvre de diversion ou une feinte.

Dans le domaine de la négociation, si je m'attends à ce que mon interlocuteur me présente ses vues de façon raffinée, je serai surpris et aurai des difficultés à réagir face à des affirmations directes et dépourvues d'artifice rhétorique, auxquelles je n'aurai absolument pas été préparé. Il me sera ensuite malaisé de récupérer un tel désavantage dans la négociation. John Weakland, l'un des maîtres de l'école de Palo Alto, affirme que l'erreur la plus fréquemment répétée par les êtres humains – et la racine de nombreux problèmes – est de sous-évaluer ou, au contraire, de surévaluer ses propres interlocuteurs ou soi-même.

Il faut donc prévoir que le sage puisse agir stupidement de façon stratégique et, face à une telle éventualité, se préparer à réagir immédiatement au même niveau en utilisant une contre-manœuvre adéquate. Une attaque directe, qu'elle soit prévue ou devinée, peut être facilement neutralisée, et expose dangereusement l'adversaire à des contre-offensives immédiates. À l'occasion d'une importante conférence qui se déroulait à Paris en 1993, à laquelle s'étaient pressés psychologues et psychiatres, Paul Watzlawick, durant sa présentation, fut attaqué verbalement par l'un des participants. Sans se troubler, il répliqua : « Vous avez parfaitement raison, de votre point de vue ! » Et il continua son exposé sous les applaudissements de l'auditoire, laissant son agresseur effaré. Sur cette même piste, mais de manière plus construite, si mon interlocuteur décide brutalement que ses positions seront inamovibles, je peux répondre promptement : « Vous savez, vous ne me paraissez pas aussi agressif que vous voudriez bien l'être. Au contraire, votre détermination et votre arrogance sont pour moi une aide. Par conséquent, je vous prie, continuez à insister ainsi, cela me facilite les choses. »

De cette façon, on capture sa force et on l'utilise contre lui, en neutralisant son intention. « Mentir en disant la vérité » est ici exprimé dans sa version défensive contre une forme d'agression verbale, directe et sincère. Dans ce cas, cependant, vérité et mensonge ne se succèdent pas mais se superposent, formant un paradoxe logique. C'est là une autre variante de ce stratagème, un peu plus complexe.

La technique de la confusion (Nardone, Watzlawick, 1990) représente peut-être l'application la plus élégante de ce stratagème à la communication interpersonnelle. Elle consiste à troubler l'interlocuteur avec une série compliquée d'affirmations tarabiscotées et dépourvues de sens, pour ensuite déclarer tout à coup et de façon directe ce dont nous voulons le persuader. Il s'agrippera à cette dernière affirmation comme un naufragé à sa bouée de sauvetage.

Notre esprit tente toujours de trouver un sens aux choses ; par conséquent, si on le conduit dans un labyrinthe de raisonnements duquel, malgré ses efforts, il ne parvient à dégager aucun sens, il réagira au premier raisonnement logique en le prenant immédiatement comme le fil d'Ariane qui le guidera hors de cette pénible situation. Dans ce cas, « mentir en disant la vérité » se conjugue avec « sillonner la mer à l'insu du ciel » et « troubler l'eau pour faire remonter les poissons à la surface ».

Quant à Blaise Pascal, il conseille de « traiter les choses simples comme si elles étaient compliquées et les choses compliquées comme si elles étaient simples ».

# Partir plus tard pour arriver plus tôt

Un dicton populaire, qui n'a rien de stratégique, soutient que « la meilleure défense est l'attaque », exprimant une vision aussi agressive que banale de la rencontre avec un adversaire. En fait, cette affirmation ne représente qu'une partie, tronquée et qui en dévoie le sens, d'une indication issue des arts du combat les plus raffinés : « La meilleure défense est l'attaque sur l'attaque de l'adversaire. »

En d'autres termes, on ne doit pas attaquer en premier, mais il faut attendre le premier mouvement de notre rival et le surprendre avec une contre-offensive. « La meilleure riposte, vous l'avez lorsque l'adversaire a pris l'initiative et qu'il n'a plus la possibilité de rester totalement vigilant » (Lee, 1977).

Ce concept martial, qui comme nous le verrons

s'applique non seulement au combat mais à toute interaction humaine, met en évidence l'avantage d'attendre tranquillement et de riposter immédiatement à l'attaque. Il n'existe pas d'attaque qui ne puisse être bloquée ou directement transformée en contre-attaque. Celui qui attaque est inévitablement contraint à se découvrir, s'exposant à une riposte rapide et appropriée. Bien sûr, tout dépend de l'habileté et de la capacité de contrôle de celui qui se défend : il est beaucoup plus facile d'attaquer que de se défendre d'une attaque. Mais si le défenseur est habile, sa défense devient la meilleure des attaques. Dans sa campagne contre les Gaulois, Jules César donna un magnifique exemple de ce stratagème. Durant la célèbre bataille d'Alésia, il sut non seulement échapper au piège tendu par Vercingétorix – qui avait pris le commandement des Gaulois, réunissant sous ses ordres différents chefs et leurs hordes pour bloquer l'avancée des forces romaines –, mais il en tira avantage. Quand il se trouva devant la cité fortifiée de Vercingétorix, au lieu d'attaquer, il s'arrêta, feignant de craindre l'ennemi. Les chefs des tribus gauloises, piégés par ce qui semblait une manifestation de faiblesse, désobéirent aux ordres et attaquèrent les légions romaines, qui étaient en réalité toutes prêtes à riposter et qui s'organisèrent selon le fameux « dispositif en tortue ». C'est ainsi que les Romains décimèrent les lignes gauloises et conquirent la cité.

Partir plus tard pour arriver plus tôt est une synthèse moderne de deux anciens stratagèmes chinois, « battre l'herbe pour débusquer les serpents » et « contraindre le tigre à quitter les montagnes ». Le premier indique la nécessité, pour le bon combattant, de faire en sorte que l'adversaire bouge le premier, afin de deviner la logique de son attaque et de la contrer immédiatement avec une technique qui lui fasse perdre du temps et le frappe sur ses points faibles. Le second souligne l'importance de ne pas s'aventurer dans le territoire ennemi, ce qui lui offrirait l'avantage d'être à son aise.

La même tactique peut être adoptée dans le domaine des relations : on offre à l'adversaire la possibilité de jouer le premier coup en simulant une position de faiblesse, pour ensuite l'attaquer en exploitant ses points faibles. Dans l'art de la persuasion, cela s'appelle « adopter une position d'infériorité pour gagner la supériorité », c'est-à-dire faire semblant d'être intimidé pour trouver les faiblesses d'argumentation de l'interlocuteur et en tirer avantage, afin de prendre ensuite une position de supériorité.

C'est une fois encore Blaise Pascal qui nous propose la description la plus éclairante de cette technique : « Quand on veut reprendre avec utilité, et montrer à un autre qu'il se trompe, il faut observer par quel côté il envisage la chose, car elle est vraie ordinairement de ce côté-là, et lui avouer cette vérité, mais lui découvrir le côté par où elle est fausse. Il se contente de cela, car il voit qu'il ne se trompait pas, et qu'il manquait seulement à voir tous les côtés [...][1] ». L'autre personne finira par changer d'opinion sans opposer de grande résistance.

Pascal exprime avec sa lucidité et son élégance rhétorique habituelles le stratagème consistant à aller dans le sens de la vision de l'interlocuteur sans contredire sa position, tout en amenant des arguments qui en apparence l'intègrent, mais en substance la retournent. L'interlocuteur ne se sentira pas contraint à changer d'opinion, mais doucement guidé vers le changement comme s'il s'agissait d'une évolution naturelle de sa propre pensée, résultat de nouvelles découvertes faites par lui-même et non imposées par d'autres. Pascal ajoute qu'« on se persuade mieux, pour l'ordinaire, par les raisons qu'on a soi-même trouvées, que par celles qui sont venues dans l'esprit des autres[2] ». On amène donc l'autre à se manifester d'abord, puis on le convainc de découvrir quelque chose de plus. Il s'agit de le persuader d'attaquer afin

1. Brunschwicg : 9 ; Lafuma : 701. *(NdT)*
2. Brunschwicg : 10 ; Lafuma : 737. *(NdT)*

qu'il expose ses points faibles, pour ensuite les utiliser, doucement, contre lui.

Il est évident qu'il faut savoir saisir les points faibles de l'adversaire durant son attaque.

Lorsqu'on ne peut faire autrement que de prendre soi-même l'initiative de la conversation, mieux vaut commencer par des questions. En plus d'amener l'autre personne à s'exposer, cela lui permettra de se sentir au centre de l'attention, et bien peu savent résister au plaisir de l'adulation. Dans ce cas, on utilise aussi l'astuce de « l'amante attirante » qui, au moyen de la séduction, attire dans le piège l'ennemi désarmé.

Si c'est l'autre qui a ouvert le dialogue avec une question, il convient de répondre en utilisant le conditionnel, qui communique une ouverture de point de vue ou une position non assertive. Ou alors de commencer par une affirmation du type : « Je crois que ce que je vais dire n'est pas du tout correct, mais pour l'instant je n'arrive pas à exprimer autre chose. »

Tout cela peut sembler décidément trop laborieux et, surtout, peu spontané. Mais, grâce à ces techniques, nous pouvons éviter des problèmes et des conflits, et atteindre nos objectifs plus facilement.

Ceux qui rejettent ces indications en invoquant l'absence de spontanéité devront considérer que ce que l'on définit comme spontanéité n'est rien d'autre qu'une série d'apprentissages devenus des acquisitions. La spontanéité, comme la liberté, est un concept vague. Il faut s'en méfier, si l'on ne veut pas terminer « prisonnier de sa propre spontanéité comme de sa propre liberté ».

# Troubler l'eau pour faire remonter le poisson

Comme les poissons qui, dans les eaux troubles, ne parviennent plus à s'orienter, les êtres humains se perdent dans le désordre et la confusion, privés de points de référence. Et tout comme les poissons cherchent la lumière en remontant à la surface, les êtres humains accourent là où ils pensent trouver une explication capable de réorganiser une situation inacceptable de confusion et de désordre.

Mais ils tombent souvent de Charybde en Scylla, surtout lorsque la confusion et le désordre sont créés exprès, afin de les pousser à des réactions incontrôlées.

Ce stratagème a quelque chose en commun avec l'une des variantes, déjà exposée, de « mentir en disant la vérité » – la technique de la confusion. Mais si, dans le premier cas, on utilise la confusion pour introduire ensuite la « vérité » souhaitée, dans celui-ci il s'agit au contraire de produire chez l'adversaire pagaille et perte de contrôle afin de le pousser à se rendre. Le cheval de Troie est le suprême exemple de cet artifice. Les Troyens furent à tel point troublés d'avoir reçu ce cadeau inattendu qu'ils perdirent toute capacité d'analyser ce qu'un tel événement pouvait bien cacher.

À l'époque moderne et dans un contexte différent, Alfred Polgar, dans ses *Histoires sans morale*, nous en offre une autre magnifique illustration. Une femme se plaignait de son mari, qui préférait toujours sortir avec ses amis et la laissait seule à la maison. Après des mois de lamentations, de suppliques et de disputes, un soir que son mari est sur le point de sortir, la femme l'accompagne à la porte, et avec un sourire très doux lui lance : « Amuse-toi bien, mon chéri ! »

Le mari, qui jusqu'à cet instant était fier de n'avoir pas cédé aux plaintives récriminations de sa femme, se demande : « Pourquoi m'a-t-elle dit cela ? »

Le doute s'insinue en lui comme un ver dans un bois tendre, le taraude pendant qu'il est au café et l'empêche de se divertir comme à l'accoutumée. À la fin, incapable de résister davantage, il rentre chez lui, où sa femme, toujours souriante, l'accueille en demandant : « Comment, si tôt, mon cœur ? Tu ne t'es pas amusé ? »

Dès lors, sortir avec les amis ne sera jamais plus aussi amusant, puisque le doute l'accompagnera et perturbera ses moments de distraction.

Cette petite histoire, en plus de nous éclairer sur le pouvoir de ce stratagème, est parfaitement d'actualité.

Le doute dévore l'esprit et pousse à lutter pour le neutraliser. Mais d'habitude un doute que l'on combat génère d'autres doutes en une formidable escalade. L'effet est celui d'une sorte de « trouble obsessionnel planifié », duquel la victime veut se libérer coûte que coûte. Dans la plus grande partie des cas, ce processus a des effets dévastateurs. Si une personne est intelligente et par conséquent fidèle à ses convictions, il sera difficile de la faire changer d'opinion de façon directe ; mais si l'on instille dans son esprit un doute qui sème le désordre dans son ordre et la confusion dans sa clarté, sa tendance à vouloir reprendre le contrôle la conduira directement dans le piège. La spirale du doute qui génère le doute s'enclenche et détruit la capacité de réagir de façon positive. La tentative de reconquérir le contrôle produit l'effet inverse, celui de le perdre toujours plus. Jusqu'à ce que, pour sortir de cet état insupportable, on s'en remette aux capacités d'autrui.

L'ennemi se rend spontanément : Quintus Fabius Maximus, homme politique et militaire romain appelé « le Temporisateur », excellait à gagner des batailles sans les livrer, mais en poussant l'adversaire à fuir grâce à la mise en œuvre de ce stratagème.

Il faisait camper son armée près des positions ennemies, puis déplaçait ses arrières avec ostentation, donnant à l'ennemi l'impression d'accumuler de nouvelles troupes. Il était si habile à cette tromperie qu'habituellement, convaincues d'être en infériorité numérique, les troupes adverses prenaient la fuite. Cette variante de « troubler l'eau pour faire remonter le poisson » représente l'un des plus hauts niveaux de stratégie, parce qu'elle permet d'obtenir le maximum d'effet avec le minimum d'effort, c'est-à-dire de vaincre sans livrer bataille. Dans ce cas, le résultat est obtenu en trompant intentionnellement l'ennemi. En effet, comme nous le verrons plus loin, le but suprême de la pensée stratégique est de n'avoir pas à combattre ; cela est possible si nous sommes fort redoutés de nos adversaires et appréciés de nos propres partisans.

# Pour redresser une chose, il faut d'abord apprendre à la tordre davantage

L'effort qu'il produit afin de trouver des solutions nouvelles et créatives à des problèmes jusqu'alors non résolus représente l'une des prisons mentales de l'homme moderne. Il poursuit cet objectif en essayant de bien peser rationnellement toutes les possibilités. Malheureusement, comme nous l'indique la majorité des études sur la créativité et la capacité de trouver de nouvelles solutions à des problèmes compliqués, l'effort déployé pour inventer bloque l'inventivité.

En effet, créer implique de dépasser les connaissances données ou de s'ouvrir à de nouvelles perspectives concernant la réalité observée. Ainsi que le définissent les chercheurs de la théorie des catastrophes (Thom, 1990), cela exige un « *saltus* », un saut, qui conduit l'esprit au-delà des limites de son intuition et de son raisonnement.

Le recours au stratagème qui consiste à orienter la pensée dans la direction contraire à celle que l'on désire afin que l'esprit puisse s'ouvrir à de nouveaux scénarios dans le sens opposé est observé depuis l'Antiquité. Il s'agit de se forcer à compliquer le problème à résoudre ou à aggraver la situation que nous souhaiterions améliorer, en analysant concrètement toutes les possibilités existant dans cette direction. Faisant cela, j'identifierai avant tout ce qui doit être évité, ce qui est une première forme importante de connaissance. Mais dès lors que je désencombre le terrain des éventualités contre-productives, je le rends disponible aux possibilités constructives, et j'amène mon esprit à percevoir la même réalité sous des angles de vue nouveaux.

En d'autres termes, à travers un parcours indirect, j'ouvre de nouvelles voies qu'il était impossible de conquérir directement.

Ce stratagème est d'ailleurs à la base de nombreuses inventions humaines. D'Archimède à Edison, en passant par Léonard de Vinci, les comptes rendus des génies de l'invention témoignent du fait qu'il leur est bien souvent arrivé d'imaginer des façons de tordre davantage les choses afin d'apprendre à les redresser.

Edison, par exemple, au cours d'une interview dans laquelle il expliquait comment il était parvenu à l'invention de l'ampoule, répondait au journaliste qui lui faisait remarquer, de manière tout à fait provocatrice, qu'il avait connu deux mille échecs avant d'arriver à ses fins : « Vous vous trompez. J'ai réussi à découvrir deux mille manières différentes de ne pas atteindre mon but, pour ensuite parvenir à sa réalisation. »

Dans l'art du combat, l'étude des stratégies qui ont échoué se montre bien plus utile que celle des stratégies victorieuses, puisqu'elle nous apprend à éviter de nous blesser tout seuls et nous montre comment ne pas faciliter la tâche de l'adversaire. Notre propre sécurité garantie, nous nous préoccupons alors de frapper l'ennemi. Les techniques martiales les plus évoluées sont tout à la fois défensives et offensives, et permettent de battre l'adversaire sans être soi-même touché. Comme l'écrit le maître de guerre Sun Bin : « Toute attaque bien ordonnée représente une défense, et toute défense bien organisée est une attaque. »

Dans l'art de la persuasion, le stratagème s'exprime en poussant notre interlocuteur dans la direction contraire à celle que nous souhaitons, pour faire en sorte qu'il s'y oppose et qu'ainsi il finisse par adopter de lui-même une position en contraste avec nos propres arguments et qui est, justement, celle que nous voulons.

Imaginons un conjoint à la jalousie obsessionnelle qui enquête continuellement sur nos moindres faits et gestes et nous accuse d'infidélité. Toutes nos explications et tentatives de le rassurer ne serviront à rien ; il sera en revanche extrêmement efficace de pousser ses pensées dans la direction opposée. En pratique, il s'agira d'accepter en souriant ses accusations et de proposer toute une série d'images de rencontres quotidiennes avec d'autres partenaires, en avançant des détails piquants. Pour ne pas être mis dans une telle situation, votre conjoint mettra un terme à ses fastidieuses inquisitions. Pensez à un ressort : son étirement conduit à la réaction contraire, c'est-à-dire au fait qu'il aura tendance à se contracter rapidement. Du reste, le principe physique d'« action et réaction », qui ne fut utilisé par la science qu'au siècle dernier, est depuis toujours l'expression naturelle du stratagème consistant à « faire en sorte qu'une chose se redresse en la tordant davantage ».

# Circulaire et linéaire, linéaire et circulaire

Ce stratagème, qui donne l'impression d'être un exercice théorique de géométrie euclidienne, est en réalité l'expression bien plus ancienne d'une intelligence stratégique applicative, incarnée par le génial Archimède. Son affirmation « Donnez-moi un point d'appui et je soulèverai le monde » en est l'image la plus suggestive.

Opposer un mouvement circulaire à une forme linéaire rend possible des phénomènes que l'on considérait comme impossibles, comme par exemple de soulever et de transporter des poids gigantesques. Tous les grands ouvrages d'ingénierie et d'architecture n'existeraient pas sans la mise en œuvre de ce principe. On déplaçait d'énormes blocs de pierre en les faisant rouler sur des troncs ; l'invention de la roue et de la poulie a permis d'exploiter le même stratagème : traiter une force linéaire avec un mouvement circulaire qui, au lieu de s'opposer à elle, en exploite avantageusement la puissance.

L'inverse est également vrai : si je veux bloquer quelque chose qui roule, il me suffit d'insérer un coin entre l'objet en question et la surface de roulement. Cette petite force linéaire concentrée en un point est à même de bloquer une puissante force circulaire.

Là aussi, avec peu on obtient beaucoup. La complémentarité entre forces linéaires et circulaires et son exploitation en tant que principe stratégique ont depuis toujours permis à l'homme de réaliser des œuvres qui semblent défier les lois de la nature, alors qu'elles en capturent et en utilisent l'essence.

Il s'agit de mettre à profit le principe de complémentarité plutôt que celui d'opposition. C'est son application aux arts martiaux qui en offre peut-être l'illustration la plus claire : si les deux adversaires s'affrontent en s'opposant directement l'un à l'autre, la collision directe, inévitable, produira un impact égal à la somme des deux forces qui se rencontrent. Le vainqueur subira lui aussi des dommages, comme dans les affrontements directs entre taureaux ou mouflons où le vainqueur aura dû, malgré tout, absorber les violents coups de cornes de son rival. Il en ira tout autrement si, au moment de l'impact, l'un des deux combattants met en pratique notre stratagème et, au lieu de s'opposer, s'écarte légèrement sur le côté en poussant son adversaire : celui-ci tombera violemment. Le mouvement circulaire de défense capture la force de l'adversaire et la retourne contre lui. Ou si, tandis que l'attaquant se jette sur lui, le défenseur lui assène un coup précis sur un point de son corps en mouvement, comme la jambe d'appui, non seulement il réussira à le bloquer mais il le vaincra rapidement, puisque la force de l'élan interrompu ira se reporter en plein sur l'articulation du genou, qui cédera.

Du reste, les complémentarités naturelles des éléments sont à la base de la philosophie taoïste comme des anciens arts orientaux de combat. L'alternance entre le dur et le mou, le plein et le vide, l'évident et le caché est le fondement des dynamiques qui sous-tendent l'équilibre des choses. La « vertu » n'est pas, comme pour les stoïciens, le « juste milieu », mais l'alternance continuelle entre les extrêmes, qui se complètent mutuellement à l'intérieur d'un équilibre construit, justement, par leur complémentarité réciproque.

Gödel, Einstein, Eisenberg et d'autres scientifiques modernes ont démontré comment cette approche, que l'épistémologie moderne a appelée « causalité circulaire » – une conception selon laquelle la cause et l'effet constituent un système circulaire de réciprocité et d'interdépendance plutôt qu'un processus séquentiel linéaire –, est le modèle scientifique le plus correct et le plus évolué. Une fois encore, la sagesse antique a été confirmée par la science moderne.

Pour en revenir aux possibilités pratiques, on pense à une autre application de ce principe, aussi ancienne que formidable, et qui a permis aux hommes de traverser les océans : l'art de naviguer en évitant l'impact direct des vagues et en les pénétrant plutôt par des trajectoires qui réduisent leur résistance et exploitent leur poussée.

Appliqué au monde de la communication, ce stratagème conserve sa surprenante efficacité et représente un critère de base pour la sélection des stratégies de persuasion. « Quand on veut montrer une chose générale, il faut en donner la règle particulière d'un cas ; mais si on veut montrer un cas particulier, il faudra commencer par la règle générale. » C'est ainsi que Blaise Pascal illustre un exemple de l'application de ce stratagème à la communication[1] : pour prouver une chose, on peut se référer à une autre, qui n'est pas prouvée mais que l'on expose comme si elle l'était, et qui fonctionnera comme preuve indiscutable de la première. L'important étant que les deux soient, sur le plan de l'argumentation, opposées l'une à l'autre.

1. Brunschwicg : 40 ; Lafuma : 527. *(NdT)*

En résumé, il s'agit de démontrer un fait simple avec une théorie compliquée et, à l'inverse, d'exposer une thèse complexe à l'aide d'exemples simples et concrets. Du reste, bien des siècles avant Pascal, Gorgias affirmait : « Il faut désarmer le sérieux de l'adversaire par le rire, et le rire par le sérieux. » De la même manière, si je veux persuader une personne qui emploie un langage simple, je dois le faire au moyen d'arguments élaborés et tarabiscotés, auxquels mon interlocuteur essaiera de donner un sens simple en y trouvant lui-même le fondement de vérité, et dont il finira ainsi par se convaincre. Si j'ai au contraire en face de moi un interlocuteur qui utilise un langage choisi et des arguments compliqués, il me faudra ébranler sa présentation par de foudroyants exemples concrets. Je ferai ainsi s'écrouler son échafaudage d'explications à l'aide de coups tranchants et précis dirigés sur les points de soutènement. Il s'agrippera par conséquent à ce que vous lui proposerez, tout comme dans le désert celui qui meurt de soif se précipite vers l'eau d'une oasis.

Dans les relations interpersonnelles, opposer le circulaire au linéaire et réciproquement concerne la capacité de renverser rapidement le type de relations qui sont à la base des problèmes et des conflits.

Une personne qui se comporte de manière rigide sera ébranlée par quelqu'un qui s'adressera à elle avec fermeté mais douceur. Une personne humble et peu entreprenante le sera face à quelqu'un de pressant et provocateur.

L'art consiste à savoir s'accorder au canal complémentaire de celui de notre interlocuteur, de manière à créer une dynamique relationnelle dans laquelle sa position devient émotionnellement insoutenable. Utilisé avec adresse, ce stratagème conduit à la solution de nombreux problèmes en apparence insolubles. Son application semble illimitée, puisque son critère fondamental coïncide avec le caractère naturel de l'évolution, du changement des choses et des êtres vivants.

# Tuer le serpent avec son propre venin

Lorsque l'ennemi attaque sournoisement en utilisant de manière déloyale une arme cachée, la meilleure défense consiste à être capable de la retourner contre lui. La même chose vaut pour ceux qui cherchent à nous nuire par des intrigues et de viles manœuvres : il faut faire en sorte, grâce à des contre-manœuvres raffinées, que celles-ci se retournent contre eux.

L'histoire du plus grand des héros grecs nous offre un merveilleux exemple de ce stratagème. Tout jeune, Alexandre le Grand faisait déjà preuve d'un esprit fort entreprenant et de beaucoup d'astuce. Son père Philippe, roi de Macédoine, lui interdit de rencontrer la belle Phillis, une femme de mœurs faciles avec laquelle Alexandre entretenait une liaison passionnée. Le conseil venait d'Aristote, le précepteur d'Alexandre, qui considérait cette relation comme nuisible à l'éducation du prince. Pour punir Aristote et continuer à se fréquenter, Phillis et Alexandre ourdirent un piège à son intention.

La très belle dame se mit à circonvenir Aristote en lui disant que, suite à son intervention, elle se sentait très attirée par lui, et qu'elle réalisait à quel point il valait mieux se livrer à des jeux érotiques avec un homme de son intelligence plutôt qu'avec un jeunot inexpérimenté comme Alexandre.

Aristote tomba dans la toile d'araignée et fut dévoré.

Phillis l'invita à une rencontre dans un bois. Le philosophe s'y rendit, décidément attiré à l'idée de posséder cette beauté.

Elle l'accueillit à demi nue, lui demanda de se déshabiller et de se mettre à quatre pattes, pour qu'elle puisse le chevaucher et le fouetter sur les fesses.

Aristote, très excité, accepta et laissa Phillis s'asseoir à califourchon sur son dos et le fouetter vigoureusement.

À cet instant, sortirent des fourrés Alexandre, son père Philippe et d'autres sages de la cour qu'Alexandre avait invités pour qu'ils constatent à quel point son précepteur manquait en réalité de vertu.

De honte, Aristote se retira dans une île de la mer Égée pour écrire – étrange hasard – un essai contre les femmes.

Alexandre et Phillis reprirent leur relation, avec cette fois toutes les faveurs de la cour.

Ils avaient tué le serpent avec son propre venin.

Si quelqu'un répand des bruits malveillants sur votre compte, ne l'agressez pas ni ne lui demandez d'éclaircissements ; soyez encore plus aimable et exprimez publiquement votre estime, comme s'il vous avait fait un grand plaisir plutôt qu'un tort ; comme s'il était votre grand allié plutôt qu'un ennemi. De cette manière, vous retournerez son action contre lui, ce qui le mettra dans un grand embarras et lui causera de graves difficultés.

Rien n'est plus insupportable pour celui qui vous déteste que votre gentillesse manifeste à son égard. Cette manœuvre élégante neutralise non seulement votre détracteur, mais elle met en évidence sa faiblesse et exalte votre supériorité. Comme Alexandre, vous aussi « tuerez le serpent avec son propre venin ».

Il s'agit là d'une forme perfectionnée d'un ancien stratagème martial, « tuer l'ennemi avec son propre poignard », qui prescrit de feindre d'être sans défense devant la lame de l'ennemi pour ensuite, quand ce dernier passe à l'attaque, saisir sa main armée et, en l'amenant à étendre le bras à l'extrême, dévier la trajectoire jusqu'au point de la retourner contre lui d'un geste rapide. À sa grande surprise, c'est par sa propre arme qu'il sera blessé.

L'essence de ce stratagème consiste à donner à l'adversaire l'illusion de sa supériorité afin qu'il lance lui-même l'attaque, convaincu d'avoir déjà gagné, pour s'approprier son arme et l'utiliser contre lui. La défense se transforme en attaque.

Le lecteur pensera que pour y parvenir il faut être particulièrement habile et maître de soi et de ses propres réactions. Il aura parfaitement raison : apprendre à utiliser l'art stratégique exige de développer des capacités particulières, beaucoup d'entraînement et beaucoup d'efforts.

Ce n'est pas un don naturel, mais le produit d'une étude constante, de l'exercice et de l'expérience. Tout le monde peut apprendre, mais tout dépend de l'engagement et de l'humilité avec lesquels on aborde le sujet. Pensez à l'effet que produit un pianiste virtuose, qui bouge avec tant d'élégance les doigts sur le clavier, exécute des mouvements précis et coordonnés qui produisent des sons sublimes – il n'y a là rien de naturel : c'est le résultat d'années d'entraînement fastidieux.

Chaque art exige une longue période d'apprentissage. Protagoras affirmait qu'il n'existe pas d'art sans savoir et entraînement du savoir. C'est, depuis toujours, le parcours obligé pour quiconque souhaite s'améliorer lui-même.

# Éteindre le feu en ajoutant du bois

Depuis l'Antiquité, les paradoxes logiques ont toujours représenté un défi à la pensée, et des foules de savants se sont efforcés de les résoudre. Malheureusement, ce savoir est presque toujours resté relégué au domaine scientifique de la philosophie et de la logique formelle, disciplines de spéculation pure, fort éloignées de la vie quotidienne où nous nous battons chaque jour avec de petits et de grands problèmes. Au Moyen-Âge, les débats intellectuels visant la solution des paradoxes étaient fréquents – les prétendus « *insolubilia* ». L'un des plus connus est celui qui relate une dispute entre Dieu et le diable (le fait que l'incarnation du mal propose des paradoxes n'est pas un hasard), dans lequel le second propose un défi : « Si tu es tout-puissant, dit-il à Dieu, crée donc un rocher si grand que personne, pas même toi, ne parvienne à le soulever. »

Réaliser l'une des deux choses revient à nier l'autre ; l'énoncé met donc en cause l'omnipotence de Dieu. Le paradoxe est resté irrésolu. En fait, un paradoxe ne peut être résolu qu'au moyen d'un autre paradoxe, et par conséquent la logique linéaire, qui ne comporte que les concepts de vrai et de faux, est défaillante. C'est justement pour cette raison que la logique paradoxale, en tant qu'instrument opératif permettant d'affronter des réalités qui ne peuvent être gérées autrement, est souvent oubliée par les disciplines pratiques dominées par des théories basées sur des « absolus » qui doivent guider les choix des êtres humains. Et dire qu'à l'origine les théories naissaient et évoluaient pour améliorer la capacité de résoudre des problèmes concrets ! Léonard de Vinci soutenait qu'il n'existe pas de bonne pratique sans une bonne théorie. Gregory Bateson, plus proche de nous, et qui, par un hasard étrange, était un spécialiste des effets concrets des paradoxes logiques, affirmait dans *La Nature et la Pensée* : « Il n'existe rien de plus pratique qu'une bonne théorie. » L'excès de spéculation théorique, nous éloignant de la pratique, nous a fait oublier que, pour la sagesse antique, la logique du paradoxe était un instrument que l'on utilisait pour surmonter des situations en apparence insolubles.

« Éteindre le feu en ajoutant du bois » est l'expression de ce principe, codifiée sous forme d'aphorisme. Si nous nous arrêtons ne serait-ce qu'un instant pour réfléchir à cette image, nous découvrons combien elle est géniale et féconde. À l'encontre du bon sens, elle nous fait remarquer que, pour éteindre un feu, la solution la plus rapide est de rajouter du bois jusqu'à l'étouffer. Une fois comprise, elle nous apparaît évidente et naturelle, mais un instant plus tôt nous la considérions comme un moyen d'aggraver la situation : la logique ordinaire nous aurait poussés à enlever le bois. La logique du paradoxe nous montre comment le vrai et le faux peuvent se superposer et s'intégrer. Le faux devient vrai, le vrai devient faux. Ce qui, en apparence, conduit dans une direction, produit son opposé au-delà d'un certain stade. Dans la philosophie taoïste, cela est représenté par l'interaction des opposés, le Yin parvenu à saturation devenant Yang et vice versa. Du reste, Hippocrate, le premier des grands médecins, affirmait : « Le semblable soigne le semblable. »

Que le lecteur fasse une simple expérience : qu'il fixe une idée dans son esprit et essaie d'y penser le plus intensément possible. Après peu de temps, il se rendra compte que l'idée lui échappe et que l'esprit part ailleurs. Voilà un effet paradoxal concret : annuler quelque chose en l'accroissant jusqu'au point de rupture. Alimenter pour réduire. Provoquer pour empêcher.

Une variante pratique très utile consiste à rendre volontaires des réactions spontanées que nous voulons neutraliser. Par exemple, si j'ai la pulsion de contrôler ce que j'ai fait de peur d'avoir commis des erreurs, je peux corriger rapidement cette tendance en m'imposant de répéter chaque contrôle plusieurs fois. Ce paradoxe court-circuitera ma réaction spontanée, et l'éteindra. C'est un stratagème qui peut être appliqué à tous les types de peurs : pousser son propre esprit à alimenter volontairement les fantasmes effrayants conduit à leur annulation. Ce n'est pas un hasard si cette technique est à la base des formes les plus efficaces de thérapie de la peur pathologique et des compulsions obsessionnelles (Nardone, 1993-2000-2003).

Une autre application d'« éteindre le feu en ajoutant du bois », interpersonnelle cette fois, a pour but de changer le comportement fastidieux d'une personne qui nous blâme ou nous reprend constamment sur nos défauts. Dans une telle situation, il suffira de remercier à chaque fois notre détracteur pour l'aide qu'il nous offre, en lui demandant de le faire encore mieux, dans notre intérêt. D'habitude, cette demande bloque immédiatement les critiques. C'est dans les relations de couple que l'application de cette variante est la plus extraordinaire, lorsqu'un des deux conjoints blâme ou agresse l'autre verbalement. On suggère dans un tel cas à la victime de regarder son partenaire avec douceur et de s'exclamer en souriant : « Tu sais, chéri(e), quand tu fais ça, tu me plais encore plus ! Tu me donnes des frissons d'excitation !... Je t'en prie, fais-le encore ! »

Si j'en veux à quelqu'un et que je lui adresse des reproches, je ne peux accepter que ce que je lui fais lui procure du plaisir ; par conséquent, je suis « contraint » de cesser mes attaques.

Dans l'art de la guerre, « éteindre le feu en ajoutant du bois » se concrétise lorsque nous faisons en sorte que notre adversaire, dans l'illusion d'être le plus fort, attaque avec le maximum d'énergie, que nous canalisons ensuite vers quelque chose d'encore plus fort. « Créer un vide pour y faire entrer le plein et l'amener à se heurter à quelque chose d'encore plus plein » : voilà ce que conseille Sun Bin. Il raconte l'histoire d'un chef militaire célèbre qui, se trouvant en position de faiblesse, prit la fuite tandis que ses adversaires se précipitaient à sa poursuite. La course se fit de plus en plus éreintante. Le fuyard entra dans une gorge étroite qui se terminait par un précipice : sans que ses poursuivants ne le voient, il s'agrippa à un arbre, laissant courir son cheval à la mort et envoyant du même coup ceux qui le pourchassaient dans un piège mortel.

Appliqué à un corps à corps, le stratagème consiste à faire croire à l'adversaire que l'on a un point découvert, et, lorsqu'il cherchera à frapper cette zone en apparence faible, on lui opposera une technique qui exploitera contre lui toute sa puissance. Je peux feindre, par exemple, de découvrir dangereusement mon visage ; mon ennemi essaiera promptement de me frapper d'un coup de poing, mais, ayant délibérément créé une telle circonstance, j'aurai tôt fait de bloquer son poing d'une puissante parade du coude. À sa dureté, j'opposerai une dureté plus grande encore. Dans la plupart des cas, l'agresseur finit par se rompre les doigts ou le poignet.

Mais notre stratagème ne s'applique pas seulement lorsqu'on veut éliminer quelque chose d'indésirable ; il sert aussi à atteindre un objectif.

Songeons à ce que répondit lord Byron lorsqu'on lui demanda le secret de son succès auprès des femmes : « Traiter les duchesses comme si elles étaient des servantes et les servantes comme si elles étaient des duchesses. » C'est-à-dire dédaigner celle qui est sûre de plaire et faire en sorte qu'elle se sente repoussée, et amener au contraire celle qui se croit de peu de valeur à se sentir désirée.

Je pense que le lecteur, directement ou indirectement, aura constaté quelquefois l'efficacité d'une telle indication. Avoir traité quelqu'un avec égards pour ne recevoir en échange qu'un refus sec, si ce n'est une impolitesse, relève de l'expérience courante (et, à l'inverse, les personnes que l'on maltraite se lient parfois encore davantage à leur persécuteur). Ou alors, avoir longuement et respectueusement courtisé une dame pour la voir tomber promptement dans les bras d'un « infâme salopard » qui n'a pour elle aucun respect.

Dans la tradition chinoise, cette tactique est appelée « lancer une brique pour récolter du jade », et c'est une des variantes de notre stratagème, également applicable à toutes les situations dans lesquelles offrir du jade produit l'effet de recevoir des briques sur la tête (comme cela arrive fréquemment dans le cas de la séduction).

L'usage de l'auto-ironie en est une autre élégante application : déclarer un défaut fait en sorte que les autres nous assurent qu'en réalité ce n'en est pas un, ou nous consolent sur-le-champ en nous citant l'un des leurs. Dans les deux cas, nous aurons généré de la sympathie et un sentiment d'appréciation à notre égard. Il s'agit ici d'« exhiber une chose pour la cacher », ou pour qu'elle soit perçue différemment, transformant ainsi une faiblesse en force, une limite en ressource. Un autre secteur dans lequel l'application de ce stratagème est fondamentale est l'éducation des enfants, domaine dans lequel ce procédé s'avère particulièrement efficace, tant pour corriger des comportements indésirables que pour favoriser l'apprentissage (Fiorenza, 2001). Dans ce domaine, la règle « prescrire pour annuler et frustrer pour obtenir » est valable. Si je veux faire cesser un comportement provocateur, je demanderai à mon enfant de manifester, à ma demande, un tel comportement plusieurs fois par jour : à chaque manifestation, nous applaudirons comme si nous étions au cirque. Si, par contre, je veux obtenir quelque chose de lui et qu'il refuse ou qu'il n'a tout simplement pas envie de le faire, il sera très efficace de lui lancer : « Tu sais, j'aurais voulu que tu fasses cela, mais je crois que tu n'en es pas capable ! »

Même le plus indolent des jeunes gens ne pourra accepter cette frustrante provocation, et pour prouver qu'elle ne correspond pas à la vérité, il fera ce dont nous l'aurons jugé incapable. Et non seulement cela : à la fin, il aura le sentiment de nous avoir bien eu et il sera même satisfait. Voilà peut-être l'exemple le plus éclairant du précepte « lancer une brique pour récolter du jade ».

Mais on ne peut certainement pas oublier ce que démontre Shakespeare dans sa tragédie romantique, *Roméo et Juliette*, concernant les liens sentimentaux : si tu veux que deux êtres s'aiment, tente de les séparer. En d'autres termes, rendre la vie difficile à une histoire d'amour est un moyen de la renforcer.

La logique paradoxale à la base de ce stratagème représente bien l'essence de la pensée stratégique, parce qu'elle brise la logique ordinaire en la poussant au-delà de ses limites. Il est nécessaire, cependant, de l'utiliser avec une extrême prudence.

L'art du stratagème requiert d'importantes capacités intellectuelles et pratiques, qui ne s'obtiennent que par un entraînement prolongé. On ne naît pas artiste, on le devient en cultivant ses talents, en se poussant au-delà de ses limites personnelles.

Lorsqu'on demanda à Gorgias ce qui l'avait amené à vivre plus de cent ans sans jamais cesser d'étudier et de travailler, il répondit : « Je ne souffre de rien dont je devrais accuser la vieillesse. » Son secret, qui n'en est pas un, est d'avoir continué à cultiver le plaisir de la recherche, de la connaissance et de son application.

# Faire monter l'ennemi au grenier puis retirer l'échelle

Le principe de ce stratagème est parfaitement bien illustré par les traditionnels pièges à mouches, ces cylindres en résille à l'intérieur desquels les mouches se faufilent et d'où elles n'arrivent plus à sortir.

Parmi les grandes batailles de l'histoire, nombreuses sont celles qui ont été remportées grâce à ce principe stratégique.

Le général Bi Zaiyu, apprend-on dans les *Cent Un Stratagèmes militaires* de Li Pin, s'était retrouvé face à l'armée ennemie sans sa cavalerie, alors que celle de son adversaire était bien fournie. Comprenant qu'il courait le risque d'être vaincu, il conçut un piège génial. Pendant la nuit, il envoya ses soldats cueillir dans le voisinage des fruits dont les chevaux sont friands. Il fit ensuite épandre ces fruits dans une grande clairière, que bordaient d'épais fourrés. Le matin suivant, sitôt l'armée ennemie parvenue dans les environs de son campement, le général ordonna une retraite rapide. La cavalerie ennemie se lança à la poursuite des fantassins en fuite, qui traversèrent la clairière dont le sol était jonché de fruits et s'enfoncèrent dans les taillis. Les cavaliers s'arrêtèrent pour décider de la meilleure manière de continuer la poursuite. Mais les chevaux, ayant trouvé leur pitance, se mirent à manger comme s'ils venaient de recevoir une juste récompense après la galopade. La cavalerie fut assaillie et promptement déconfite par l'infanterie adverse, laquelle sortit des fourrés sans crier gare.

« Faire monter l'ennemi au grenier et retirer l'échelle » est à la base de tous les types de pièges où l'on fait entrer l'adversaire et dont on l'empêche de sortir. Ce principe stratégique guide les chasseurs et les pêcheurs comme les spécialistes des techniques de combat, mais trouve également de grandes applications dans la rhétorique de la persuasion et dans la séduction.

Le piège qui illustre le mieux ce stratagème est celui qui sert depuis l'Antiquité à capturer les singes. On pratique une ouverture étroite dans une noix de coco, à l'intérieur de laquelle on place un aliment dont le singe raffole. On attache ensuite la noix de coco à un arbre. Le singe, attiré par la nourriture, introduit sa main ouverte dans la fissure, s'empare de sa friandise, mais, lorsqu'il veut retirer sa main fermée, il reste piégé, l'ouverture étant trop étroite. Comme il ne lâche pas son délicieux butin, le singe est facilement capturé.

Ainsi en va-t-il des doux refus d'une femme désirée, qui tout à la fois encouragent l'homme à insister dans sa cour et le font entrer, de son plein gré, dans le piège consistant à courir après une chose offerte et en même temps refusée : cette situation fait augmenter le désir et les efforts du courtisan, c'est-à-dire qu'elle amène la femme à se sentir plus importante et qu'elle amplifie le désir de l'homme.

Au XVII<sup>e</sup> siècle, les bonnes manières de la cour voulaient que les nobles dames qui désiraient séduire les princes disent « non » comme si elles disaient : « Allez, insistez », et « peut-être » comme si elles disaient : « Oui, avec plaisir ». Un « oui » direct les aurait rendues indésirables.

Se donner un peu puis jouer à la hausse pousse l'autre à nous suivre dans la construction progressive du piège dans lequel, plein de désir, il pénétrera de lui-même.

Ce même procédé est malheureusement employé par des vendeurs qui montent à outrance le prix d'un objet et le présentent comme s'il était précieux. L'acheteur naïf, piégé par l'idée que si quelque chose coûte cher c'est qu'il vaut cher, finit par se faire embobiner.

Dans les arts martiaux, « faire monter l'ennemi au grenier et retirer l'échelle » est illustré par les techniques d'immobilisation de l'adversaire dans des positions douloureuses d'où il ne peut plus sortir une fois pris.

Un magnifique exemple de l'application de ce stratagème nous vient de la tradition hébraïque, qui raconte l'histoire d'un juge particulièrement fin qui devait juger un commerçant avide et sans scrupule pour une petite escroquerie. Le juge désirait donner une leçon de vie à cet homme, au-delà du délit commis. Il proposa donc à l'accusé trois alternatives pour expier sa faute : payer une amende salée, recevoir en châtiment corporel cent coups de verges sur le dos ou manger dix kilos d'oignons crus.

L'avide commerçant choisit bien sûr de manger les oignons. Malheureusement pour lui, après le premier kilo, il avait le palais en flammes, l'estomac en ébullition et une soif insupportable. Il tint bon et avala un autre kilo, après quoi, désespéré, il implora qu'on lui donne de l'eau et qu'on le batte avec les verges.

Les coups sur le dos furent si douloureux qu'au cinquantième il supplia de pouvoir acquitter sa peine en payant l'amende.

Par cet élégant piège basé sur la technique de

l'« alternative illusoire », le juge avait réussi à faire subir à l'accusé, de son propre choix, les trois condamnations.

Dans le domaine de la rhétorique de la persuasion, cette technique représente un moyen de convaincre l'autre tout en lui faisant croire qu'il est lui-même l'auteur du choix.

Si je veux, par exemple, amener mon interlocuteur à accepter de faire quelque chose qu'il refuse de faire, je peux déclarer qu'il y a deux manières d'affronter la situation. Je lui propose alors la première, qui devra nécessairement être coûteuse et pénible. Après quoi je lui expose la seconde, celle que je voudrais qu'il pratique et qui, bien que difficile à accepter, l'est beaucoup moins que la première. D'habitude, la personne choisit immédiatement de faire ce que nous voulons comme si elle avait fait une bonne affaire, puisqu'elle en a évité une pire.

La nature, du reste, est un maître en stratagèmes ; il suffit d'observer les pièges raffinés que les prédateurs élaborent pour attraper leurs proies : la toile d'araignée, le mimétisme du poulpe ou les mouvements de queue du léopard qui piquent la curiosité des gazelles.

Comme l'écrit Santayana : « Il n'y a rien de nouveau sous le ciel, hormis ce qui a été oublié. »

# Créer à partir de rien

« Tout ce à quoi l'on croit existe. » Cet aphorisme révèle le principe qui sous-tend le stratagème « créer à partir de rien », à savoir : une chose qui n'existe pas peut produire des effets concrets si l'on pense qu'elle existe. Croire en quelque chose – et toute l'histoire de l'homme nous le démontre – conduit à choisir et à agir. L'homme n'aime pas l'incertitude ; il se cramponne donc à des croyances et les rend vraies afin de se créer une base solide sur laquelle s'appuyer. Notre stratagème exploite ce besoin humain : il se fonde sur le principe d'amener l'adversaire à croire à une réalité inventée, qui le pousse à réagir comme nous le désirons. Pour obtenir ce résultat, notre mensonge doit sembler plus significatif que la vérité. Du reste, pour citer Oscar Wilde, « la vérité n'est rien d'autre que le dernier mensonge tenu pour vrai ». « Générer l'être à partir du non-être », dit le *Livre de la voie et de la vertu*, désignant ainsi le stratagème « créer à partir de rien » comme la manœuvre fondamentale pour guider l'esprit et les actes, non seulement des autres, mais aussi de nous-mêmes. Devançant de milliers d'années l'histoire des processus de l'auto-tromperie (Elster, 1979), qui pilotent davantage nos actions que ne le fait la conscience, la sagesse antique signale qu'il est fructueux de construire des croyances à suivre et à faire suivre comme si elles étaient vraies, dans le but de produire les effets concrets désirés.

Que cela nous plaise ou non, nous sommes continuellement les artisans et les victimes de nos auto-tromperies. En apprenant à utiliser stratégiquement cette tendance humaine, nous en devenons les maîtres plutôt que d'en rester les esclaves inconscients. Savoir utiliser ce stratagème avec autrui revient à décider de l'employer ou pas, et signifie par conséquent que nous devenons effectivement responsables, pour le meilleur ou pour le pire, de ce qui nous arrive.

La règle de l'art de la guerre s'applique encore une fois : savoir combattre nous rend libres ; ne pas combattre est un choix que nous faisons, et non un renoncement dicté par la peur. Les Romains affirmaient : « Si tu veux la paix, prépare la guerre. » Ce n'est qu'en étant conscients de nos ressources que nous pouvons être calmes et capables de vivre sereinement.

Pour revenir à notre stratagème et à ses applications possibles, la seconde partie du « pari » de Pascal, moins connue, en est un magistral exemple. Pascal propose aux chrétiens en proie au doute d'aller tout de même à l'église, d'honorer malgré tout les sacrements, de se comporter « comme si » ils croyaient : la foi ne tardera pas à se manifester.

De cette façon, le philosophe propose un procédé de persuasion basé sur l'auto-tromperie. S'il est répété, ce processus conduit – comme Jon Elster, logicien norvégien, l'a démontré par ses recherches – à oublier le choix initial et à faire de la foi quelque chose de naturel.

Se comporter « comme si » une chose était vraie, même s'il n'est pas prouvé qu'elle le soit, nous amène bientôt à la considérer comme telle. Ce principe est à la base de tous les rituels de prière, et c'est le principe opératif fondamental des rites initiatiques de toute secte ésotérique. La répétition du rite fait de la croyance une vérité irréfutable. Les soi-disant techniques de « lavage de cerveau » et de manipulation recourent à la même logique. En fait, pour « déconditionner » un esprit manipulé, un procédé isomorphe dans la direction opposée est nécessaire. L'expérience scientifique qui a mis en évidence ce stratagème de façon particulièrement marquante a été réalisée par Zimbardo, à l'université de Stanford, dans les années 1970 : éminent psychologue et spécialiste des processus de persuasion, il avait monté une fausse prison, avec de faux gardiens et de faux prisonniers qui tous étaient des étudiants s'étant portés volontaires pour l'expérience. Les gardiens devaient faire respecter les règles, les prisonniers interprétaient leur rôle, lequel prévoyait aussi certains comportements de rébellion contre les règles. L'expérience fut interrompue après quelques semaines, parce que gardiens et prisonniers étaient arrivés à une réelle et ingérable escalade de violence et de sévices, oubliant qu'il s'agissait d'une comédie organisée à des fins de recherche.

Passant des processus de persuasion au comportement et à la relation aux autres, j'invite le lecteur à analyser la séquence suivante : j'entre dans un lieu, convaincu que les gens qui s'y trouvent me considéreront comme une personne désagréable, ou qu'ils auront carrément quelque chose contre moi. Ce préjugé me rendra rigide et méfiant. Changeons maintenant de perspective et voyons les choses du point de vue des personnes qui se trouvent dans le local : ils voient entrer quelqu'un qui les regarde avec méfiance, dont le comportement défensif semble être un refus, voire même une insulte à leur égard. Ils réagiront en se raidissant et en le regardant, à leur tour, avec suspicion. Le résultat final sera, pour moi, une confirmation du fait que je suis quelqu'un de désagréable que l'on rejette.

En réalité, il s'agit de ma part d'une construction, effet d'une conviction qu'à travers mes actions j'ai moi-même rendue « vraie ». La contre-preuve est fournie par la séquence inverse : j'entre dans le même endroit avec les mêmes personnes, convaincu d'être sympathique et de plaire aux autres ou, carrément, d'être très estimé. Poussé par une telle conviction, j'aurai naturellement une posture détendue, et mon regard sera ouvert, en quête de contact. Les autres auront de moi l'impression d'une personne aimable, qui recherche la compagnie. Ils se sentiront donc honorés et gratifiés de mon attitude, à laquelle ils réagiront en miroir, en me renvoyant des signaux amicaux.

Le résultat, cette fois, sera la confirmation que je plais aux autres, parce qu'ils se sont montrés contents d'avoir affaire à moi.

Aucune magie, seulement l'effet d'une séquence interactive créée à partir de rien.

Dans l'art du combat, le stratagème consiste à faire croire à l'adversaire que nous sommes beaucoup plus fort et résolu que nous le sommes en réalité, l'amenant ainsi à redouter la rencontre, ce qui nous offre la possibilité de partir avec un avantage. De cette manière, nous plions sa volonté, faisant en sorte qu'il se sente vaincu avant même de l'être. Le combattant effrayé perd sa force, car soit il agit poussé par la peur et son attaque est désordonnée, soit, convaincu de ne pas être à la hauteur, il est peu déterminé et cède facilement. L'art consiste à intimider notre adversaire par notre posture et notre regard, qui doivent exprimer assurance, calme et détermination.

Face à une telle attitude, une personne malintentionnée soupçonnera de se trouver devant quelqu'un de « dangereux » et, la plupart du temps, renoncera à son intention d'en découdre. Nous avons déjà cité le général romain Quintus Fabius Maximus, dit « le Temporisateur », qui, pour vaincre sans combattre, mettait également à profit ce stratagème. Dans la tradition des chevaliers du Moyen Âge ou des sages guerriers chinois, les combats étaient bien souvent évités grâce à un rituel de face-à-face où les rivaux se mesuraient psychologiquement. Si aucun des deux ne fléchissait, le duel avait rarement lieu et tous deux se saluaient avec un égal respect. C'est là une des raisons pour lesquelles l'enseignement des arts martiaux traditionnels témoigne d'une sorte d'obsession pour l'apprentissage des postures de garde : une posture plastique, sans fléchissement émotionnel, indique la rapidité et la détermination au combat, et inspire la frayeur à l'adversaire inexpérimenté et le respect à l'adversaire compétent. Ce premier acte représente la manœuvre stratégique préliminaire pour affronter l'ennemi avec succès. Le doute – et la crainte – d'avoir face à soi un adversaire plus habile opère mieux que la certitude quant à ses propres capacités, et crée insécurité et hésitation, ce qui suscite la tendance à éviter le combat.

L'habileté à « créer à partir de rien » n'est pas seulement un des véhicules essentiels du pouvoir personnel et interpersonnel ; c'est aussi une compétence fondamentale qui nous permet de passer de la position de celui qui construit ce qu'il subit à la position de celui qui construit ce qu'il gère.

# Le stratagème du truc dévoilé

Le moyen le plus efficace de s'opposer aux manœuvres d'un stratège habile est d'en connaître les trucs et les artifices. Si je connais le principe du stratagème utilisé par mon adversaire, je peux mettre en place la contre-manœuvre. Mais on peut aller plus loin dans le dévoilement : déclarer par avance l'effet que l'on veut provoquer, comme si l'on lançait une prophétie ou un sortilège. Le stratagème dévoilé devient ainsi une sorte de malédiction qui suggestionne l'adversaire, lequel tentera de s'opposer à ses effets, qui lui sont désormais connus mais qui ont été prophétisés par le stratagème. L'effort énorme que l'adversaire déploiera pour contrôler ses propres réactions le conduira à perdre le contrôle. La tension pour contrôler mène effectivement à un blocage total :

dans son effort pour s'opposer à la prophétie subie, l'adversaire la réalisera.

La tradition grecque nous offre une splendide illustration de ce processus avec le mythe d'Œdipe. L'histoire commence par la terrible prophétie annoncée à Laïos, roi de Thèbes, par l'oracle de Delphes : il sera tué par son fils, qui aura couché avec sa mère. Pour échapper à cette prophétie, Laïos abandonne son jeune enfant sur le mont Cithéron après lui avoir lié les pieds. Un berger le trouve, l'emmène chez lui et l'appelle Œdipe. Bien des années plus tard, Œdipe arrive à la conclusion qu'il ne ressemble en rien à ses parents et décide de se rendre à Delphes afin d'y consulter la Pythie. Celle-ci lui annonce qu'il tuera son père et couchera avec sa mère. Œdipe, terrorisé, prend la fuite. À peine sorti de Thèbes, il croise Laïos à un carrefour ; une dispute éclate entre eux et il le tue. Après avoir vaincu le Sphinx, qui depuis des années tenait la ville de Thèbes en otage, Œdipe devient roi de cette cité – qui est en réalité la sienne – et reçoit pour épouse Jocaste, sa mère.

La tragédie s'est réalisée, justement, grâce à l'effort que Laïos avait déployé pour l'annuler.

Le stratagème du truc dévoilé est aussi à la base de toutes les malédictions vaudoues. Dans ce cas, toutefois, la malédiction fonctionne grâce au fait que le sujet croit en la magie ; suggestionné et terrorisé, il entre dans un état de transe dans lequel la peur de ce qui peut arriver finit par en réaliser l'issue.

Analysons le principe qui sous-tend cet artifice : il est représenté par le passage d'une logique de la tromperie cachée à celle de la « prophétie qui s'auto-réalise ». L'auteur de la prophétie doit avoir de grandes compétences en communication, puisqu'il doit instiller le soupçon (ou la croyance) que le sortilège peut se réaliser. Cela conduit à des réactions désordonnées et frénétiques qui, augmentant l'insécurité, finissent par confirmer le mauvais sort. La croyance, quant à elle, porte à penser que la malédiction fait effet et déclenche la réaction de peur incontrôlée qui, concrètement, l'accomplira.

Dans les deux cas, la prophétie s'auto-réalise.

Dans le domaine de la communication interpersonnelle, ce stratagème est particulièrement utile lorsqu'on est confronté à des personnes qui tentent constamment de contrôler la relation et le dialogue. Avec elles, déclarer à l'avance l'effet que produira ce que nous allons dire aura une double incidence : elles sentiront leur intelligence reconnue, et elles seront poussées à se faire prendre au piège du mécanisme de la prophétie qui se confirme d'elle-même.

La même chose se produit dans l'interaction entre un hypnotiseur expérimenté et un sujet réticent, auquel l'hypnotiseur prophétisera que ce sera justement sa propre résistance qui l'amènera à manifester les signaux de transe hypnotique attendus : une main qui se soulève spontanément, ou un bras qui devient rigide. Le sujet résistant, dans sa tentative de contrôler la situation, se mettra à l'écoute de la moindre réaction et essaiera de la réprimer. Mais c'est cela même qui l'amènera à sentir les signes annoncés, qu'il est en réalité seul à produire. À ce stade, les jeux sont faits, et il suffira de continuer dans cette direction pour que la transe s'installe rapidement.

Comme l'affirmait Protagoras, face à un interlocuteur habile, il convient de rendre plus forts nos arguments les plus faibles.

# Changer constamment tout en restant le même

C'est l'eau qui nous donne l'image la plus prégnante de cet aphorisme, avec sa capacité à changer continuellement d'état en restant toujours le même élément. Elle peut être un fluide, un solide ou un gaz ; elle peut être douce ou dure, rigide ou souple ; immobile ou impétueuse, calme ou tumultueuse ; elle peut s'écouler lentement ou tout emporter sur son passage, contourner les obstacles ou se jeter violemment sur eux ; tomber ou jaillir. L'eau est l'analogie naturelle du changement dans sa capacité à s'adapter de manière stratégique aux différentes circonstances.

Ce n'est pas par hasard que Lao-Tseu écrit : « L'eau vient à bout de tout parce qu'elle s'adapte à tout. »

La capacité à changer, en s'adaptant soi-même à ce que les circonstances exigent, est l'essence de l'art du stratagème. Savoir changer de perspective et d'actions est, de fait, la condition préalable fondamentale si l'on veut pouvoir sélectionner et appliquer les différents stratagèmes.

Tourner autour de son propre axe et regarder la réalité à partir de points de vue variés permet d'avoir en même temps une perception globale et différenciée : une qualité essentielle pour identifier ou mettre au point des solutions alternatives, quand les solutions ordinaires ne produisent pas d'effet.

« Changer tout en restant le même » exige l'abandon de toute orthodoxie, en optant pour la « conscience opérative » et l'« habileté applicative » en remplacement des théories rigides. Comme le déclare avec provocation François Jullien, « un sage est sans idée ». Au sens où il ne se fixe sur aucune mais se déplace continuellement de l'une à l'autre, afin que son esprit et que sa perception du monde ne restent pas piégés dans des préjugés. Dans la même ligne que le taoïsme, la philosophie zen propose la construction de « vérités fondées sur l'erreur », ou relatives – indiquant par là les connaissances instrumentales nécessaires à la réalisation d'objectifs concrets –, qui ne sont « vraies » que lorsqu'elles fonctionnent, et qui sont fausses si elles échouent. Les « vérités fondées sur l'erreur », c'est-à-dire la sagesse et la connaissance opérative pour les bouddhistes, diffèrent de la « vérité absolue », que l'on ne peut trouver que dans le transcendant, en accédant, à travers l'illumination, à un autre état qui n'est plus la vie concrète.

Aussi Takuan, maître japonais de la guerre, donne-t-il au guerrier ce précepte zen : « Nous devrons garder l'esprit vif sans nous attarder sur rien. »

« La vertu réside dans l'absence de stagnation ; si l'on veut délaisser le peu pour accéder à l'abondance, il importe de se rendre compte de ses propres fixations et de s'en détacher. » Par ces paroles, Shosan, autre grand maître zen, souligne l'importance fondamentale de la capacité à être fluide et à changer constamment.

Pour les sophistes, l'art de changer de point de vue représentait la clé du processus de persuasion. La capacité d'inventer des solutions nouvelles et créatives se fondait sur la faculté de dépasser les schémas préétablis devenus inefficaces, en transgressant l'orthodoxie avec créativité.

Ces traditions devancent la philosophie moderne des sciences, pour laquelle l'impératif éthique est de « se comporter de façon à multiplier les possibilités de choix » (Von Foerster, 1971). Cependant, changer tout en restant toujours le même n'est pas une habileté qui s'acquiert facilement, ni même rapidement. Elle exige un entraînement constant, parce que notre esprit, par économie ou par besoin de sécurité, a tendance à construire des certitudes. Pour rester souples,

les êtres humains doivent constamment s'exercer à regarder chaque chose à partir de plusieurs points de vue différents, en évitant de se rigidifier dans une perspective unique. Seul un entraînement prolongé à ce type de gymnastique mentale conduit à la spontanéité. Si nous interrompons l'exercice, notre esprit tendra rapidement à se protéger, et se fera piéger dans des armures de pensée.

Dans la mythologie grecque, cette condition est représentée par le mythe de Sisyphe, le personnage condamné pour l'éternité à pousser un rocher en haut d'une montagne : une fois au sommet, le rocher dévale de nouveau la pente et Sisyphe doit recommencer depuis le début.

La tradition grecque, dramatique et héroïque, nous donne une image tragique de la condamnation existentielle de l'homme. Mais si nous nous adonnons à une pratique quotidienne ou si nous analysons l'évolution humaine, tout nous paraît moins tragique, car le fait de défier sans cesse ses propres limites est ce qui, depuis toujours, alimente l'enthousiasme et la joie de vivre. Le frisson de la découverte s'oppose constamment à la tendance à la stagnation rassurante.

Encore une fois, nous avons la complémentarité et la réciprocité : savoir chevaucher les vagues de notre océan intérieur revient à « changer tout en restant toujours le même ».

Voyons maintenant des exemples concrets ; le stratagème trouve son expression dans les paroles de maître Sun-Tzu : « De celui qui sait gagner la victoire en changeant et en se transformant en suivant les mouvements de l'ennemi, on dit qu'il est semblable à un esprit. »

Comme l'eau, le sage guerrier s'adapte aux actions de son adversaire en s'harmonisant avec lui jusqu'à comprendre son énergie. Ce principe stratégique est à la base de tous les arts martiaux soi-disant doux, comme le tai-chi-chuan et l'aïkido, dans lesquels le combattant expérimenté ne s'oppose pas à la force de l'adversaire mais y cède, s'y adapte, la capture et la transforme, faisant d'une énergie agressive une énergie de défense.

Si un agresseur se lance sur nous, au lieu d'opposer notre résistance à son élan, nous pouvons élégamment faire tourner notre corps autour de son axe, tandis que nous saisissons n'importe quelle partie de son corps à lui. La violence de sa poussée sera capturée et réorientée par notre mouvement giratoire. Il suffira de poursuivre cette rotation en maintenant la prise pour déséquilibrer notre adversaire et le projeter dans une chute brutale, en le lâchant subitement à la fin de notre rotation. Encore une fois, Sun-Tzu prescrit : « Fais usage de la colère pour les confondre, de l'humilité pour les rendre arrogants, mets-leur les nerfs à vif à force de malice, sois pour eux une cause de discorde. Attaque-les lorsqu'ils sont mal préparés, porte le coup quand ils s'y attendent le moins. Sois si subtil que tu en deviennes informe, si silencieux que tu en sois imperceptible. C'est seulement ainsi que tu pourras être l'artisan du destin de tes ennemis. »

Changer de tactique et de manœuvre jusqu'à trouver celle qui fonctionne, sans se troubler mais en passant avec fluidité de l'une à l'autre, n'est pas seulement l'essence de la stratégie de combat mais représente aussi le principe moteur des processus d'innovation et de résolution de problèmes. Dans ses études sur les processus mentaux qui débouchent sur l'invention de solutions nouvelles à des problèmes qui seraient autrement restés insolubles, Altschuller, expert de la créativité associée aux inventions scientifiques, explique comment ces solutions sont le produit d'un constant changement de perspective dans l'analyse des problèmes. En d'autres termes, les inventions les plus importantes sont le fruit d'un changement permanent de l'angle de vue à partir duquel on considère le problème, jusqu'à ce que l'on découvre celui qui peut nous guider vers la construction de la solution.

Archimède, Léonard de Vinci, Newton, Edison, Einstein et les autres grands inventeurs n'étaient pas seulement traversés d'éclairs de génie créateur, mais ils élaboraient leurs processus de découverte en remettant continuellement en cause leurs propres connaissances, jusqu'à ce qu'ils trouvent celle qui leur permettrait d'atteindre leur but avec efficacité.

Dans le domaine de la persuasion, « changer constamment tout en restant le même » est représenté par la capacité raffinée de s'accorder aux exigences de notre interlocuteur de sorte qu'il se sente à l'aise et entièrement compris, pour ensuite l'amener, au moyen d'artifices rhétoriques complémentaires à son style linguistique et relationnel, à changer de point de vue sans aucune résistance.

L'art de persuader, affirmait Gorgias, se distingue grandement de tous les autres arts en ce que l'on s'y soumet spontanément, et non pas sous l'effet de la violence. L'habileté ne réside donc pas à enfoncer les opinions d'autrui en s'y opposant dialectiquement mais, en s'accordant aux caractéristiques de l'interlocuteur, à les diriger doucement dans la direction souhaitée.

Cela signifie que nous devons être à même de changer continuellement notre style relationnel et de communication, pour le rendre complémentaire de celui de notre interlocuteur. Une fois établie l'harmonisation dans le dialogue, son évolution, quelle qu'elle soit, apparaîtra comme un effet naturel et sera, pour cette raison, chaleureusement accueillie.

Le sens de ce stratagème correspond non seulement

à un principe du point de vue de la technique et de l'application, mais il est aussi le prérequis auquel doit tendre le sage-guerrier-persuasif. Il représente une aptitude qui rend possible la plus grande part des autres capacités, et qui doit donc être cultivée comme fondement de notre propre personnalité. De même que tout ce qui se fige devient fragile et risque de se rompre, de même notre personnalité, en se figeant, devient fragile, victime de sa propre rigidité.

# Vaincre sans combattre

Le dernier des stratagèmes essentiels est la synthèse finale des capacités développées grâce à l'exercice de la sagesse appliquée, ou l'objectif le plus élevé que le sage-guerrier-persuasif peut atteindre.

« Vaincre sans combattre » signifie que l'on a réalisé un niveau d'habileté stratégique et de vertu tel que l'on inspire à n'importe quel adversaire non seulement la crainte, mais aussi le respect et l'admiration, au point que l'idée de nous affronter ne vient à personne.

L'adversaire doit percevoir dans votre attitude le calme, l'assurance et le charme, qualités capables non seulement de plier sa volonté de combattre, mais également de susciter en lui de désir de vous imiter. Ce qui persuade l'adversaire de devenir votre partisan est la perception immédiate de vos vertus personnelles. Pour obtenir cet effet suggestif, il est indispensable de posséder un grand charisme. Mais qu'est-ce que le charisme, sinon la sagesse et les capacités pratiques qui émanent de nous ?

Cultiver patiemment nos propres vertus ; approfondir constamment la connaissance ; apprendre sans cesse de nouvelles capacités ; exercer sans trêve les compétences acquises pour les améliorer : voilà l'essence de « vaincre sans combattre ». Le but n'est pas de paraître invincible, mais de devenir un modèle à suivre. Il n'est pas de susciter la peur, mais d'éveiller l'admiration.

On disait d'Alexandre le Grand que ses soldats en étaient comme amoureux ; ils l'auraient suivi n'importe où, non par peur, mais par amour. Tous les grands chefs militaires ont séduit et fasciné leurs troupes, obtenant ainsi d'elles le maximum. Sun-Tzu affirmait que le meilleur général est celui que ses soldats suivent par affection et admiration, et non par crainte.

Je crois qu'à ce point le lecteur se demandera : « Mais où est l'astuce ? Où est la subtile tromperie ? En quoi réside donc l'artifice qui permet d'être capable de vaincre sans combattre ? »

Le truc, dans ce cas, c'est qu'il n'y en a pas. Le stratagème, paradoxalement, correspond à la vérité, dans le sens où il n'y a pas de tromperie. On est ce qu'on paraît être. Si ma capacité réelle ne correspond pas à ce que l'on perçoit extérieurement de mes qualités, ce masque trompeur tombera tôt ou tard et révélera mes manques. Il ne s'agit donc pas de se fabriquer une image à vendre aux autres et à soi-même, mais de construire, à travers la connaissance et l'exercice, ces habiletés qui fascinent les autres. « Sois celui que tu sembles être. » À la fin, on retourne au point de départ : « Le secret, c'est qu'il n'y a pas de secrets. »

« Chevaucher son tigre » n'est pas un artifice, mais une habileté, fruit de l'étude et de l'application constantes. Car si nous pouvons réussir à tromper les autres sur nos réelles capacités, nous ne pouvons le faire aussi bien avec nous-mêmes.

« Chacun de nous, dit un proverbe chinois, va se coucher chaque nuit auprès d'un tigre. On ne peut savoir si ce dernier, au réveil, voudra nous lécher ou nous dévorer. »

Avec cette métaphore, la sagesse antique nous rappelle la relation que nous entretenons tous avec nos propres limites.

Ce n'est qu'en cherchant constamment à nous améliorer que nous pouvons faire de notre tigre un ami, puisque nul ne peut éviter la pire et la plus dangereuse des compagnies : soi-même.

Au terme de notre voyage dans l'art des stratagèmes, j'espère avoir montré avec clarté qu'il n'existe aucune magie, mais seulement des habiletés qui produisent des effets extraordinaires. J'espère aussi avoir mis en évidence que devenir un sage-guerrier-persuasif ne conduit pas à la construction d'un homme faux, qui tend des pièges, qui manipule les autres de manière déloyale, mais exactement au contraire. Ce n'est pas un hasard si le principe qui sous-tend ce dernier stratagème est le principe éthique suggéré par le plus grand des pacifistes, Gandhi : « Sois ce que tu voudrais que le monde soit. »

# Bibliographie

En italien et anglais

Alati A., *Le arti marziali cinesi*, Atanor, Rome, 2001.
Altschuller Genrich, *The Innovation Algorithm*, Technical Innovation Center Inc., Worcester, 2000.
Skorjane B., *Il linguaggio della terapia breve*, Ponte alle Grazie, Milan, 2000.
Diels H., Kranz W., *I presocratici : testimonianze e frammenti*, Editori Laterza, Bari, 1981.
Emanuele P., *Cogito ergo sum*, Salani Editore, Milan, 2001.
Fiorenza A., *Bambini e ragazzi difficili*, Ponte alle Grazie, Milan, 1999.
Nardone G., *La terapia dell'azienda malata*, Ponte alle Grazie, Milan, 2003.
Nardone G., *Non c'è notte che non veda il giorno*, Ponte alle Grazie, Milan, 2003.
Nardone G., *Oltre i limiti della paura*, BUR, Milan, 2000.
Nardone G., *Suggestione, ristrutturazione, cambiamento. L'ap-*

*proccio strategico e costruttivista alla psicoterapia breve*, Giuffrè, Milan, 1991.

Elster J., *Ulysses and the Sirens*, Cambridge University Press, Cambridge, 1979 (trad. it., *Ulisse e le sirene. Indagini sulla razionalità e l'irrazionalità*, Il Mulino, Bologne, 1983).

Elster J. (dir.) *The Multiple Self*, Cambridge University Press and Universitetfarlaget AS (Norvegian University Press), 1985 (trad. it., *L'io multiplo*, Feltrinelli, Milan, 1991).

Owen N., *The Magic of Metaphor*, Crown, Bancyfelin Wales, 2001.

Sawyer R. (dir.), *Cento strategie non ortodosse*, Neri Pozza, Vicence, 2000.

Severino E., *La filosofia antica*, BUR, Milan, 1984.

Sun Pin, *Metodi militari*, *in* Sun Tzu, *L'arte della guerra*, Neri Pozza, Vicence, 1999.

## En français

Anonyme, *Les 36 Stratagèmes. Manuel secret de l'art de la guerre*, édité et traduit du chinois par Jean Lévi, Paris, Payot & Rivages, coll. « Petite bibliothèque Rivages poche », 2007. Également : *Les Trente-Six Stratagèmes. Traité secret de stratégie chinoise*, édité et traduit du chinois par François Kircher, Paris, Éd. du Rocher, 2003.

Bateson G., *La Nature et la pensée*, Paris, Éd. du Seuil, 1984.

Boorstin D., *Les Découvreurs*, Paris, Robert Laffont, 1988.

Cialdini R., *Influence et manipulation*, Paris, Éd. First, 2004.

Cleary T., *La Voie du samouraï : pratique de la stratégie au Japon*, Paris, Éd. du Seuil, 1992.

Darwin C., *La Descendance de l'homme*, Paris, L'Harmattan, 2006.

De Botton A., *Les Consolations de la philosophie*, Paris, Pocket, 2003.

Deng Ming Dao, *Le Guerrier érudit*, Saint-Chef, Éd. Le Chariot d'Or, 2005.

Doise W., Moscovici S., *Dissensions et consensus*, Paris, PUF, 1992.

Dumont J.-P., Delattre D., Poirier J.-L., *Les Présocratiques*, Paris, Gallimard, « Bibliothèque de la Pléiade », 1988.

Érasme, *101 adages d'Érasme*, Suresnes, Éd. A. Franel, 1999.

Erickson M. H., « Special technique of brief hypnotherapy », *Journal of Clinical and Experimental Hypnosis*, 2, p. 109-129, 1954a (trad. fr. : « Techniques spéciales d'hypnothérapie brève », in *L'Intégrale des articles de Milton H. Erickson sur l'hypnose*, SATAS, 2001, vol. IV, p. 199-227).

Erickson M. H., « The confusion technique in hypnosis », *American Journal of Clinical Hypnosis*, 6, p. 183-207, 1964 (trad. fr. : « La technique de confusion en hypnose », in *L'Intégrale des articles de Milton H. Erickson sur l'hypnose*, SATAS, 1999, vol. I, p. 324-367).

Erickson M. H., « The use of symptoms as an integral part of hypnotherapy », *The American Journal of Clinical Hypnosis*, 8, p. 57-65, 1965 (trad. fr. : « L'utilisation des symptômes comme partie intégrante de l'hypnothérapie », in *L'Intégrale des articles de Milton H. Erickson sur l'hypnose*, SATAS, 2001, vol. IV, p. 274-288).

Foerster von H., « On constructing a reality », *in* W. F. R. Preiser (dir.), *Environmental Design Research*, vol. 2, p. 35-46, Dowden, Hutchinson & Ross, Stroudsburg, 1973 (trad. fr. : « Construction d'une réalité », *in* P. Watzlawick (dir.), *L'Invention de la réalité*, Paris, Éd. du Seuil, 1998).

Jullien F., *Traité de l'efficacité*, Paris, Grasset & Fasquelle, 1996.

Jullien F., *Un sage est sans idée*, Paris, Éd. du Seuil, 1998.
Lee B., *Le Kung-fu chinois*, Noisy-sur-École, Éd. Budo, 2001.
Nardone G., *Peur, panique, phobies*, Bordeaux-le-Bouscat, L'Esprit du Temps, 1996.
Nardone G., *Psychosolutions*, Bordeaux-le-Bouscat, L'Esprit du Temps, 1999.
Nardone G., Watzlawick P., *L'Art du changement*, Bordeaux-le-Bouscat, L'Esprit du Temps, 1993.
Pascal B., *Pensées*, texte établi par Léon Brunschvicg, Paris, Garnier-Flammarion, 2005 ; édition de Louis Lafuma *in* Pascal, *Œuvres complètes*, Paris, Éd. du Seuil, 1963.
Plutarque, *Dialogues pythiques*, Paris, Les Belles Lettres, 2007.
Plutarque, *Les Vies parallèles*, Paris, Garnier-Flammarion, 2006.
Plutarque, *Œuvres morales*, Paris, Les Belles Lettres, 2003.
Polgar A., *Histoires sans morale*, Paris, Éd. du Rocher, 1994.
Shakespeare W., *Roméo et Juliette*, Paris, Gallimard, coll. « Folio classique », 2001.
Sun-Tzu (ou Sun Zi), *L'Art de la guerre*, traduit du chinois et commenté par Jean Lévi, Paris, Hachette Littératures, 2000.
Watzlawick P. (dir.) *L'Invention de la réalité*, Paris, Éd. du Seuil, 1998.
Watzlawick P., Helmick Beavin J., Jackson Don D., *Une logique de la communication*, Paris, Éd. du Seuil, 1972.
Watzlawick P., Nardone G., *Stratégie de la thérapie brève*, Paris, Éd. du Seuil, 2000.

# Table

RÉALISATION : PAO ÉDITIONS DU SEUIL
IMPRESSION : CORLET IMPRIMEUR S.A. 14110 CONDÉ-SUR-NOIREAU
DÉPÔT LÉGAL : AVRIL 2008. N° 92610-3 (115380)
*Imprimé en France*

DANS LA MÊME COLLECTION

À quel psy se vouer ?
Psychanalyses, psychothérapies : les principales approches
*Collectif sous la direction de Mony Elkaïm*
*2003*

Ma psychose, ma bicyclette et moi
La raison de la folie
*Fritz B. Simon*
*2003*

La Sagesse du désir
Le yoga et la psychanalyse
*Christiane Berthelet Lorelle*
*2003*

L'Homme relationnel
*Jean-Jacques Wittezaele*
*2003*

Les États autistiques chez l'enfant
*Frances Tustin*
*(nouvelle édition)*
*2003*

Manger beaucoup, à la folie, pas du tout
La thérapie stratégique face aux troubles alimentaires
*Giorgio Nardone, Tiziana Verbitz, Roberta Milanese*
*2004*

Pourquoi, docteur, notre enfant a-t-il des problèmes ?
*Anny Cordié*
*2004*

Quand la famille marche sur la tête
Inceste, pédophilie, maltraitance
*Martine Nisse et Pierre Sabourin*
*2004*

Traiter les cas difficiles
Les réussites de la thérapie brève
*Richard Fisch et Karin Schlanger*
*2005*

Des yeux pour guérir
EMDR : la thérapie pour surmonter l'angoisse,
le stress et les traumatismes
*Francine Shapiro et Margot Silk Forrest*
*2005*

Cause toujours !
À quoi on obéit quand on désobéit
*Éric Trappeniers et Alain Boyer*
*2006*

Comment survivre à sa propre famille
*Mony Elkaïm*
*(avec la collaboration de Caroline Glorion)*
*2006*

Guérir avec l'EMDR
Traitement, théorie, témoignages
*Jacques Roques*
*2007*